仏事Q&A　曹洞宗

曹洞宗総合研究センター

国書刊行会

はじめに

お寺で檀信徒をはじめとするさまざまな方と接していると、時にいろいろな質問を受けることがあります。地域の歴史や文化に始まり、仏教や禅宗についての疑問や、葬儀・法事についての質問など、多種多様なものであります。

たとえば、大人数の家族の中での生活や、地域のつながりや行事などを通して、自然に学び伝えられてきたことも、社会状況の変化から、今ではそうした機会がなくなってきているともいわれます。また、仏事などの当事者になって初めてどうすればよいか困ってしまい、お寺に尋ねる方も増えているように思えます。

本書はそうした人びとが抱えるであろう疑問に対し、曹洞宗《そうとうしゅう》の立場からその要点をお答えしようと試みたものであります。

この書を通して、曹洞宗の教えや行事、修行などについて知識を深めていただけると思いますし、葬儀や日々のご供養などについても困ったときの助けになるものと思います。

一般的に曹洞宗の教えを示すものといえば、「坐禅」があげられます。禅の教えにおいては、自《みずか》ら「行《ぎょう》ずる」ことが重視されます。僧侶の修行においても、各自が自覚的に実践していくことの大切さを説きます。ここで示した答えの中でも、そうした仏の教えに適った行いを実践していくことを説き、その大切さを伝えようと試みております。

お釈迦さまの教えが、道元《どうげん》禅師さまにより日本に伝えられ、瑩山《けいざん》禅師さまや祖師方により広められ、今日、私たちの暮らしのなかに智慧や実践として引き継がれてきています。本書を通して、そうした曹洞宗の説く教えや日々の行いを知り、皆さんそれぞれの毎日に活かしていただけることを願っております。

仏事Q&A　曹洞宗❖目次

はじめに

一　お寺を訪ねて

Q1　曹洞宗のご本尊は何ですか？……12
Q2　ご本尊の前で、何と称えればよいのですか？……14
Q3　坐禅をすれば、ご利益があるのですか？……16
Q4　お守りはありますか？……18
Q5　「御朱印」とは何ですか？……20
Q6　曹洞宗の修行はどんなものですか？……22
Q7　曹洞宗ではどんなお経を読みますか？……24
Q8　曹洞宗の坐禅の特徴は何ですか？……26
コラム①　坐禅会（参禅会）について……28

二　日本の歳時記とお寺の年中行事

Q1　曹洞宗ではお正月をどのように迎えますか？……32
Q2　節分には何をしますか？……34
Q3　お寺で仏前結婚式は行えるのですか？……36
Q4　お寺で七五三は行えるのですか？……38
Q5　お寺では、どのような行事がありますか？……40
Q6　ご祈禱とは何ですか？……42
Q7　施食会とはどのような法要ですか？……44
Q8　彼岸会とはどのようなものですか？……46
Q9　三仏忌とは何ですか？……48
Q10　大晦日の行事について教えてください。……50
コラム②　ご祈禱寺院について……52

三　葬儀をご縁として
Q1　葬儀を行ってはいけない日はありますか？……56
Q2　葬儀と告別式の違いは何ですか？……58
Q3　戒名とは何ですか？……60
Q4　御霊前と御仏前の違いは何ですか？……62
Q5　僧侶への御礼の表書きは、何と書いたらよいのですか？……64
Q6　葬儀ではどのようなことを行いますか？……66
Q7　葬儀の参列方法を教えてください。……68
コラム③　古い仏具はどうするの？……70
四　法事・お盆を迎えて
Q1　お墓にはどのようなときに、お参りをすればよいのですか？……74
Q2　年回供養はどのように行えばよいのですか？……76
Q3　お位牌について教えてください。……78

Q4　法事の際、私たちもお経を読んでよいのですか？……80
Q5　法事の時の服装や持ち物はどうしたらよいですか？……82
Q6　お布施とは何ですか？……84
Q7　お盆を迎えるためにはどんな準備をすればよいですか？……86
Q8　お盆にはご先祖さまがかえってくるのですか？……88
Q9　お盆の供養は、どのようにするべきですか？……90
コラム④　食を「いただくこと」の大切さ……92

五　み教えをいただいて

Q1　一仏両祖とは何ですか？……96
Q2　曹洞宗の本山はどこですか？……98
Q3　曹洞宗のお寺は各地にも多くあるのですか？……100
Q4　曹洞宗にとって坐禅とは何ですか？……102
Q5　曹洞宗の教えを日々実践する方法を教えてください。……104

Q6 曹洞宗では坐禅のほかに何をしますか？……106
Q7 『正法眼蔵』とはどのようなものですか？……108
Q8 『伝光録』とはどのようなものですか？……110
Q9 『修証義』とはどのようなものですか？……112
Q10 ご詠歌とは何ですか？……114
Q11 み教えをいただく機会には何がありますか？……116
コラム⑤ 両祖について……118

六 檀信徒としての心得

Q1 菩提寺とは何ですか？……122
Q2 檀信徒としての心がけとして何かありますか？……124
Q3 新たに仏壇を置く場合、どのようにしたらよいですか？……126
Q4 仏壇を置く場所がありません。どうすればよいですか？……128
Q5 家に仏壇を置いたらどのような心構えが必要ですか？……130

Q6　仏壇の祀り方はどのようなものですか？……………… 132
Q7　毎日のお供えはどのようにしたらよいですか？……………… 134
Q8　毎日のおつとめは、どのようにすればよいですか？……………… 136
巻末資料・あとがき・参考文献・執筆者一覧

一　お寺を訪ねて

Q.1 曹洞宗《そうとうしゅう》のご本尊《ほんぞん》は何ですか？

「本尊」とは、根本として尊ぶべきもの、という意味です。この本尊には、宗派の本尊や、各寺院の堂宇《どうう》などに祀《まつ》られている本尊、個人の守り本尊など、さまざまなものがあります。

曹洞宗の宗派としての本尊については、『曹洞宗宗憲《しゅうけん》』の第四条に「本宗は釈迦牟尼仏《しゃかむにぶつ》を本尊とし」と規定されています。釈迦牟尼仏とは仏教の開祖である「お釈迦《しゃか》さま」を指す言葉ですが、道元禅師《どうげんぜんじ》さまのお言葉によれば、それは過去・現在・未来のすべての仏さまのお名前でもあります。この意味では、本尊とは、歴史上の人物であるお釈迦さまであると同時に、過去・現在・未来の一切諸仏《いっさいしょぶつ》でもあるということになります。

同じ第四条には、続く文章に「高祖《こうそ》承陽大師《じょうようだいし》及び太祖《たいそ》常済大師《じょうさいだいし》を両祖《りょうそ》とする」とも述べられています。高祖承陽大師とは道元禅師さまを指し、太祖常済大師とは瑩山禅師《けいざんぜんじ》さまを指します。この両禅師さまのことを、「両祖さま」と尊称しております。両祖さまは、お釈迦さまの教えを我が国に伝え広められ、今日ある日本曹洞宗の礎を築かれた方にほかなりません。

曹洞宗では、本尊のお釈迦さまと両祖さまを併せて、「一仏両祖《いちぶつりょうそ》」や「三尊仏《さんぞんぶつ》」と尊称し、寺院や家庭の仏壇などにお祀りしております。一仏両祖のご生涯とその教えは、曹洞宗僧侶と檀信徒の信仰と修行における唯一無二のよりどころとなっています。(九六頁参照)

Q.2
ご本尊の前で、何と称《とな》えればよいのですか？

曹洞宗の宗派としての本尊は釈迦牟尼仏とされていますから、僧侶・檀信徒にとっての基本的な本尊称名《ほんぞんしょうみょう》は、「南無釈迦牟尼仏《なむしゃかむにぶつ》」です。

「南無」は「帰依《きえ》する」という意味です。「帰依」というのは帰投《きとう》・依伏《えぶく》の略ですが、それは身も心もすべてゆだねきり、頼りきる、ということを指します。

「南無釈迦牟尼仏」とは、〈ただわが身をも心をもはなちわすれて、仏《ほとけ》のいえになげいれ〉(『正法眼蔵生死《しょうぼうげんぞうしょうじ》』)ることにほかなりません。それは、「私」「自分」という思いを擲《なげう》って、すべてを仏さまが説かれたみ教えにゆだねきる、と誓うことであると言ってよいでしょう。

道元禅師さまの作と伝えられるものに、

草の庵に　ねてもさめても申すこと
南無釈迦牟尼仏　あはれみたまへ

という和歌があります。

寝ても覚めても、常に「南無釈迦牟尼仏」と誓い、念ずることが、曹洞宗の僧侶・檀信徒における日々の信仰生活の基礎となります。

なお、曹洞宗の各寺院の本堂などに祀られているご本尊さまは、その多くが釈迦《しゃか》仏像《ぶつぞう》ではありますが、寺院の歴史的な理由などから、他の仏《ぶつ》・菩薩《ぼさつ》が本尊であることもあります。お寺に参拝された折は、各寺院のご住職さまのご教導にしたがって礼拝《らいはい》してください。

Q.3 坐禅《ざぜん》をすれば、ご利益《りやく》があるのですか？

坐禅を始めてみようと思う動機として、さまざまな「ご利益」を期待することは決して悪いことではありません。しかし、曹洞宗の坐禅の本義としては、「名聞利養《みょうもんりよう》」を目指して行うべきものではありません。坐禅は仏としての行いなのです。

道元禅師さまは、『学道用心集《がくどうようじんしゅう》』の中で〈それ仏法修行《ぶっぽうしゅぎょう》はなお自身のためにせず、況《いわ》んや名聞利養のためにこれを修《しゅ》せんや。ただ仏法のためにこれを修すべきなり〉と述べておられます。

仏法の修行は、「我《が》」的な自己の充足のためや、世俗的な名声や利益《りえき》の獲得のためにするのではなく、仏法それ自体のためになされるものである、と説いています。さらに言い換えれば、「坐禅は坐禅のためにする」ということになるでしょう。要するに、坐禅をするときは、坐禅をすること自体を目的として、それ以外の余計な目的を持ってはならない、ということになります。

それでは坐禅をしても何も得られないのかというと、そうではありません。『正法眼蔵随聞記《しょうぼうげんぞうずいもんき》』には、「仏法のために仏法を学ぶ」ということについて、〈仏法のおきてに任《まか》せて行《ぎょう》じゆきて、私曲《しごく》を存《そん》することなかれ。……心《こころ》にねがいてもとむる事《こと》無ければ、即《すなわ》ち大安楽《だいあんらく》也《なり》〉と述べておられます。「ご利益」を求める気持ちを捨てて、ただ坐禅することだけに徹するとき、そこには自ずと大いなる心の安らぎが得られるのです。

Q.4 お守《まも》りはありますか？

各寺院からさまざまな種類の「お守り」が頒布されています。効《こう》験《げん》はお守りによって異なりますが、心から信じて手をあわせ、うやまい、祈ることによって、心に安心感をもたらしてくれるでしょう。また仏《ぶつ》・菩《ぼ》薩《さつ》や祖師、諸善神《しょぜんじん》などが折々に種々のご加護《かご》を与えてくださることでしょう。

しかし、常に仏《ぶつ》・神《しん》に守られて日々を過ごしたいと願うのであれば、「お守り」を持つだけでなく、仏教的な生活を送ることにも心がけなければなりません。

道元禅師さまの『出家略作法《しゅっけりゃくさほう》』の中に、〈……もしまたこの戒《かい》を受《う》くれば、即《すなわ》ち大覚《だいがく》の仏位《ぶつい》に入《い》る。真《まこと》に是《こ》れ諸仏《しょぶつ》の長子《ちょうし》なり。諸仏菩薩《ぼさつ》も歓喜《かんぎ》随喜《ずいき》したまい、諸天鬼神《しょてんきじん》も守護し擁護《ようご》せん〉と説かれています。仏教の戒を受ければ諸仏の御子《みこ》となり、戒にしたがった仏《ぶっ》子《し》としての生活が始まります。その人のことを、諸仏菩薩は心からお喜びになられ、また常に諸天鬼神がおまもりくださいます。

同じく『出家略作法』に〈孝《こう》を名《な》づけて戒となし、また制止《せいし》と名く〉とあります。「孝」とは、父母《ぶも》・師僧《しそう》・三宝《さんぼう》に孝順《こうじゅん》すること、すなわち「我」を出さずに導いてくれるものにすなおであるということです。「孝」があれば、「私」にブレーキ(制止)がかけられるようになります。「孝」をそなえることが戒にしたがうということの根幹であり、仏・神にまもられた生活を送るよりどころとなるのです。

Q.5 「御《ご》朱《しゅ》印《いん》」とは何ですか？

「御朱印」とは、神社仏閣を参拝された方に対して授与される、台紙に押印された朱色の印影のことを言います。一般的には、僧侶や神職が台紙に墨《すみ》書で寺社名や参拝日などを記した上で押印します。

御朱印の台紙にはさまざまな種類があります。折本《おりほん》や和綴《わと》じのかたちにした、帳面状のものを「御朱印帳《ごしゅいんちょう》」などと呼びます。

寺院の御朱印は、もともとは自らが書写した経典をお寺に納めた証《あか》しとして授与されたものでした。御朱印は「納経印《のうきょういん》」とも呼ばれますが、その所以《ゆえん》はここにあります。それが後に、納経せずに寺院をお参りしただけの方にも広く授与されるようになりました。

いずれにせよ、御朱印とは、仏さまに敬虔《けいけん》な気持ちで手をあわせ、仏さまと結縁《けちえん》したことの証しであり、「お守り」のように大切にすべきものです。

昨今では、参拝もせず、御朱印だけをスタンプラリーのようにして集める方がおられるようです。信仰の有無やその行動は人それぞれですから、そのことを否定はいたしません。しかしながら、自らの行動が、宗教の伝統的なしきたりや、人々の信仰心に対する理解を欠いたものになってはいないか、立ち止まって考えてみる、あるいは本来の主旨を理解して、一つひとつの参拝をより意味あるものにしていく心の余裕をもって欲しいものです。

Q.6 曹洞宗の修行はどんなものですか？

袈裟《けさ》の扱い方にはじまり食事、洗面、排泄、作務《さむ》など、日常生活のあらゆる行為の一つひとつを、歴代の祖師方がされたとおりに綿密に行ってゆくのが曹洞宗の「修行」です。

とりわけ道元禅師さまが『弁道話《べんどうわ》』の中で、〈最上のなかに最上なり〉と示された修行とは〈ただし打坐《たざ》して身心脱落《しんじんだつらく》すること〉、すなわち坐禅でした。

道元禅師さまは、同じ『弁道話』の中で、坐禅を〈仏法《ぶっぽう》の正門《しょうもん》〉であると説いておられます。それは、お釈迦さまをはじめ、過去・現在・未来の仏《ほとけ》たち、さらには仏法を伝えたインド・中国の祖師方もみな、ことごとく坐禅によって悟りを得ているからです。このことから〈坐禅はすなわち安楽の法門《ほうもん》なり〉とも説かれます。坐禅のみが、揺るぎのない心の安らぎ（悟り）と一体になるありかたに、ほかならないからです。

『正法眼蔵三昧王三昧《しょうぼうげんぞうざんまいおうざんまい》』に、〈身《しん》の結跏趺坐《けっかふざ》すべし、心《しん》の結跏趺坐すべし、身心脱落の結跏趺坐すべし〉とあります。身を整え正して坐禅し、心を整え正して坐禅し、等しく整え正された身と心を一つに溶け合わせて一方が浮き立たないようにして坐る、というのが、この言葉の趣意です。〈ただし打坐して身心脱落すること〉とは、このことを指しています。

そして、坐禅以外の日常生活のあらゆる行為についても、坐禅と同じように身と心を整え正して行うべきことが説かれています。

Q.7 曹洞宗ではどんなお経《きょう》を読みますか？

『曹洞宗宗制』の「曹洞宗儀礼規程」には、「日常依用の経典」は般若《はんにゃ》部経典、法華《ほっけ》部経典、華厳《けごん》部経典、涅槃《ねはん》部経典、その他の大乗《だいじょう》経典、各種陀羅尼《だらに》、各種偈文《げもん》、と定められています。

各寺院での勤行《ごんぎょう》や儀礼の場において実際によく読誦《どくじゅ》されている経典を具体的に列挙すると、『般若心経《はんにゃしんぎょう》』、『妙法蓮華経《みょうほうれんげきょう》』の「如来寿量品《にょらいじゅりょうほん》」や「観世音菩薩普門品《かんぜおんぼさつふもんぼん》」(『観音経《かんのんぎょう》』)、『大悲心《だいひしん》陀羅尼』、『消災妙吉祥《しょうさいみょうきちじょう》陀羅尼』、『舎利礼文《しゃりらいもん》』、『延命十句観音経《えんめいじっくかんのんぎょう》』などが挙げられます。他に、『開経偈《かいきょうげ》』や『懺悔文《さんげもん》』、『三帰礼文《さんきらいもん》』、『三尊礼文《さんぞんらいもん》』、『四弘誓願文《しぐせいがんもん》』などの偈文の経典類も折々に唱えられます。

「曹洞宗儀礼規程」では、経典のほかに、日常依用の宗典として、道元禅師さまの『正法眼蔵《しょうぼうげんぞう》』、『永平広録《えいへいこうろく》』、『普勧坐禅儀《ふかんざぜんぎ》』、『学道用《がくどうよう》心集《じんしゅう》』、『永平清規《えいへいしんぎ》』、瑩山禅師さまの『伝光録《でんこうろく》』、『坐禅用心記《ざぜんようじんき》』、『瑩《けい》山清規《ざんしんぎ》』が、また明治期に『正法眼蔵』から相応の文章を選び出して編纂された『修証義《しゅしょうぎ》』が、挙げられています。

さらには、日常依用の語録として、『参同契《さんどうかい》』、『宝鏡三昧《ほうきょうざんまい》』、『信《しん》心銘《じんめい》』、『証道歌《しょうどうか》』、『従容録《しょうようろく》』、その他歴代祖師の語録、が挙げられています。これらの宗典・語録についても、その一部または全部が、勤行などの場で読誦されています。

Q.8 曹洞宗の坐禅の特徴は何ですか？

曹洞宗では、坐禅を悟りをひらく手段とは位置づけていません。坐禅（修《しゅ》）と悟り（証《しょう》）は不可分で一体のものであり（修証一等《しゅしょういっとう》）、悟りとは別の坐禅はないこと（証上の修《しょうじょうのしゅ》）を説きます。『弁道話《べんどうわ》』に、〈この法《ほう》は、人々《にんにん》の分上《ぶんじょう》にゆたかにそなわれりといえども、いまだ修《しゅ》せざるにはあらわれず、証《しょう》せざるにはうることなし〉と説かれています。

私たちはそもそも仏さまの悟りを十分にそなえているといっても、それは坐禅をしなければ現れることはなく、これを現に証明して（悟って）みなければ、意味をなさない、というのがこの言葉の趣意です。

曹洞宗の坐禅とは、このように自己に本来そなわっている仏さまの悟りを顕在化し現実化する行為であると言えます。『正法眼蔵随聞記《しょうぼうげんぞうずいもんき》』に〈坐《ざ》はすなわち仏行《ぶつぎょう》なり。坐は即《すなわ》ち不為《ふい》なり。是《こ》れ即ち自己の正体《しょうたい》なり〉とあります。

坐禅している時の、整え正された身と心のありかた全体のそのままが、一切の思い計《はか》らいを超えた、仏さまの悟りが現れている姿であり、自己の正体そのものである、と説かれています。

坐禅が《仏さまの悟り＝自己の正体》そのものとして円満しているのですから、坐禅している時にはそれ以外の何かを付け足す必要はありません。坐禅をしている時は坐禅のみに徹すべきということになります。そのことは「只管打坐《しかんたざ》（祗管《しかん》打坐）」という言葉で端的《たんてき》に表現されます。

コラム① 坐禅会（参禅会）について

曹洞宗の教えの根幹は坐禅にあります。それはお釈迦さまが坐禅修行に精進《しょうじん》され、悟りを開かれたことに由来するものです。坐禅は信仰生活の基本であり、中心というべき存在です。

禅とは物事の真実の姿、あり方を見極め、これに正しく対応していくために心のはたらきを調えることです。そして坐ることによって身体を安定させ、心を集中させることで身・息・心の調和をはかります。

曹洞宗の坐禅は「只管打坐《しかんたざ》（祇管《しかん》打坐）」で、ただひたすら坐ります。何か他に目的があってそれを達成する手段として坐禅をするのではありません。坐禅をする姿そのものが「仏の姿」であり、悟りの姿なのです。私たちは普段の生活の中で自分勝手な欲望や、物事に振りまわされてしまいがちですが、坐禅においてはさまざまな思惑や欲にとらわれないことが肝心です。

道元禅師さまは坐禅だけでなく、すべての日常行為に坐禅と同じ価値を見いだし、禅の修行として行うことを説かれています。修行というと日常から離れた何か特別なことのように聞こえますが、毎日の生活の中の行い一つひとつを坐禅と同じ心でつとめ、それを実践し続けることが、私たちにとっての修行なのです。

坐禅は一人でもできますが、入門者の方は坐禅会で正しい指導のもとに行うことが大切です。また、坐禅会に参加することで、坐禅を継続して行うことができます。

坐禅会について、詳しくは菩提寺《ぼだいじ》、または近隣の曹洞宗寺院へお尋ねください。曹洞宗公式サイト「曹洞禅ネット」の「坐禅のできるお寺検索」も参照下さい。

二　日本の歳時記とお寺の年中行事

Q.1 曹洞宗ではお正月をどのように迎えますか？

大晦日には年越しそばを食べ、除夜の鐘の音を聞きながら新年を迎え、初詣へと出かけていく。このような年末年始を過ごされている方も多いと思います。年頭の神社仏閣は、大勢の参拝客で賑わいます。

曹洞宗の寺院では、ご本尊さまなどへ重ね餅をお供えし、また、伽藍《がらん》の各場所に正月飾りを施して、新年を迎える準備をします。そして、新年には「三朝祈禱会《さんちょうきとうえ》」という法要が営まれます。この法要は元日から三日間営まれ、世の中の平和と人々の無病息災、そして、仏法の興隆を祈念いたします。

法要が営まれる本堂内に一歩足を踏み入れると、打ち鳴らされる祈《き》禱《とう》太鼓《だいこ》にあわせて僧侶たちの読経の声が響いてきます。そして、鐘の声を合図に、いっせいに『大般若波羅蜜多経《だいはんにゃはらみったきょう》』六〇〇巻の経本が手にとられ、「転読《てんどく》」が行われます。この転読によって巻き起こる風を堂内に行き渡らせ、そこにみなぎる功徳力《くどくりき》を周囲へと巡らせていくのです。

この儀式をとおして、一年がよい年であるようにと祈念するのです。お寺によってはお札やお守りが配られることもあります。菩提《ぼだい》寺《じ》などで催されている際には、是非法要にご参加ください。

このようにして三が日を過ごし、新年も四日目を迎えると、各地ではお年始の挨拶などが行われ、新しい一年が始まるのです。

（四二頁参照）

Q.2 節分には何をしますか？

暦では、各季節の始まりを立春・立夏・立秋・立冬といいます。そして、その前日を「各季節を分ける」との意味から節分といいます。しかし、節分といえば、春のおとずれを告げる立春の前日をイメージされるのではないでしょうか。これまで続いた寒い日々がだんだんに暖かくなると、人々の気分も高揚してきます。このような季節の節目に行うのが節分の行事です。

節分の行事といえば豆まきが思い起こされます。豆まきは、厄《やく》を豆に移して外に捨てることから始まったといわれます。このような行事を行うことで、日常に変化や区切りをつけることができるのです。まさに先人の智恵といえるでしょう。

　さて、曹洞宗の多くのお寺でも、豆まきの行事が営まれています。節分の豆まきには、干支が生まれ年にあたる年男や年女が主として参加し、一年を健康で無事に過ごせるように、また、願いが成就するようにと祈願するのです。

　一般的には、豆をまくときに「福は内、鬼は外」とかけ声をかけますが、なかには「福は内、福は内」や「福は内、鬼も内」と声をかけるところもあります。かけ声はさまざまですが、ここには福徳が増長するようにとの思いが込められているといえましょう。

　お近くの寺院で営まれる際には、是非参加してください。

Q.3 お寺で仏前結婚式は行えるのですか？

結論から言えば、寺院でも結婚式は行えます。

一般的に思い浮かべる結婚式と異なる点は、式場の多くは寺院の本堂《ほんどう》ということです。ですので、ご本尊さまの慈愛《じあい》に包まれ、大変厳かな雰囲気を味わうことができ、両人や親族にとって素晴らしい門出《かどで》となります。ご本尊さまの前に両家の先祖位牌を祀り、蜜湯《みっとう》・お菓子・お茶、紅白の鏡餅などを供えます。また両人の未来が明るく幸せに満ちた人生になることを願い、祝儀を表す赤色などのロウソクを灯します。

式の進行は、式師《しきし》と呼ばれる僧侶が中心にとり行います。ご本尊さまの前で一同礼拝《らいはい》し、式師が啓白文《けいびゃくもん》（結婚の意義）を奉読《ほうどく》し両人の幸福を祈ります。次に洒水灌頂《しゃすいかんじょう》といって、浄らかな水を両人の頭上にふりかけます。寿珠《じゅず》（数珠《じゅず》）をいただき互いにかけます。この時、指輪の交換も行えます。そして仏教徒であることを誓う三帰礼文《さんきらいもん》をお唱えします。盃事《さかずきごと》は両人が三々九度《さんさんくど》を行い、つづいて親族固めの盃を交わし、一同お祝いの盃をいただきます。両人が誓いの言葉として、誓約文《せいやくもん》を奉読し押印します。最後に結婚したことを両家の先祖に報告し、焼香礼拝して式を閉じます。

大切なのはご本尊さまに誓った文言を忘れず、両人が家庭生活の中で何事も協力し、手を携《たずさ》え生きる喜びをわかち合うことなのです。

寺院での挙式をご希望される場合は菩提寺《ぼだいじ》へ、菩提寺がない場合は、曹洞宗公式サイト「曹洞禅ネット」の「寺院検索」を利用いただくか、または近隣の曹洞宗寺院へ、ご相談ください。

Q.4 お寺で七五三は行えるのですか？

寺院の中には、七五三を行うところもあります。おめでたい儀式や行事は寺院でも度たび行われてきました。神社は「お宮《みや》」さまですから、「お宮参り《みやまい》」と言い、寺院の場合は「初参り《はつまい》」と言います。家族、親族がともに子どもの健やかな成長を願う場として、寺院ではご祈禱を行うところが多いようです。

現在のように、七五三を一一月一五日前後にお祝いするようになったのは、江戸時代からのことです。五代将軍徳川綱吉が息子の徳松の健康を盛大に祈願したことから、それが庶民に広まったともいわれております。発生をひもとくと、それ以前の古くからの風習である三歳の「髪置《かみおき》」、五歳の「袴着《はかまぎ》」、七歳の「帯解《おびとき》」に由来するといわれています。髪置は男女児ともに行われた儀式で、この日を境に髪を伸ばし始めました。また袴着は、男児がはじめて袴を着ける儀式で、帯解は女児がそれまでの幼児用の付紐をやめ、大人の帯を締める儀式です。

わが子の成長を喜ばない親はいません。七五三の年齢まで子どもが無事に成長することは、古今の親にとって喜ばしいことです。子どもが無事に育つことができたことを皆で祝い、これまで見守ってくださったご先祖さまにお参りをして感謝の気持ちを伝え、これからの健やかなる成長をお祈りしましょう。

人生の節目に寺院を参詣し、仏さま、ご先祖さまから授かった子として、祖父母、親戚、親子ともに、つながりを意識したいものです。詳しくは菩提寺へ、お尋ねください。

Q.5 お寺では、どのような行事がありますか？

曹洞宗では年間を通じて、多くの行事が行われています。仏教各派に共通する季節の行事や、お釈迦さまにゆかりのある行事のほか、曹洞宗独自のものもあります。

お釈迦さまの弟子となり、真の仏教徒としての自覚を持つための「授戒会《じゅかいえ》」や、住職に剃髪《ていはつ》していただき、戒を受けて僧侶となる「得度式《とくどしき》」があります。

「晋山式《しんさんしき》」とは、住職就任式のことです。禅宗寺院の多くは山間部にあるため山号《さんごう》（山の名前）を持ち、それに由来することから山に晋《すす》む式というのです。

「法戦式《ほっせんしき》」は、住職にかわり首座《しゅそ》（修行僧の首位）が問答を行う儀式のことです。お釈迦さまが霊鷲山《りょうじゅせん》で弟子の摩訶迦葉尊者《まかかしょうそんじゃ》に、ご自分の席を半分譲り説法を許された故事に由来します。

「開山忌《かいさんき》」とは、その地に寺院を開創建立《かいそうこんりゅう》するため山を切り開き、ご尽力された初代ご住職さまを讃える法要です。

長年慕われてきたご住職が御遷化《ごせんげ》されれば、「密葬《みっそう》」「本葬《ほんそう》」と呼ばれるお葬式も行われます。

「落慶式《らっけいしき》」とは、寺院などの建て替えや修繕工事が無事円成《えんじょう》したことをご本尊さまにご報告し、檀信徒とともにお祝いをする法要です。

その他、寺院が札所《ふだしょ》（坂東三十三観音、秩父三十四観音霊場など）になっている場合、秘仏の厨子《ずし》を開く「御開帳《ごかいちょう》」があります。

寺院では年間を通じて各行事を綿密に行い、それぞれの尊い徳を讃えているのです。

Q.6 ご祈禱《きとう》とは何ですか？

「祈禱」とは、仏《ぶつ》・菩《ぼ》薩《さつ》や神々《かみがみ》のご加護《かご》を仰《あお》いで、私たちのさまざまな除災招福《じょさいしょうふく》の願いが成就するように祈ることを言います。一般的には、その法要を指します。

曹洞宗の祈禱法要では、多くの場合、『大般若波羅蜜多経《だいはんにゃはらみったきょう》』という、六〇〇巻（約五〇〇万字）もの大部なお経を、複数の僧侶が分担して、「転読《てんどく》」というかたちで唱えます。この祈禱儀礼は「大般若《だいはんにゃ》祈禱会《きとうえ》」などと呼ばれています。

転読とは、お経の全文を声に出して読誦《どくじゅ》するのではなく、折本《おりほん》のお経を扇の形のようにしながらパタパタと翻《ひるがえ》してゆくことで、すべて唱えたことに代える方法です。折本を翻す時に、転読文《てんどくもん》を唱えます。これは、この長いお経に説かれる教えを短く要約した言葉です。折本を翻すと風が生まれ、災いのもとが取り除かれます。

大般若祈禱会の様子
写真提供：曹洞宗静岡県第一宗務所青年会

大般若祈禱会では、『大般若波羅蜜多経』転読の前後に別の経典も読誦されます。法要の最後に「回向文《えこうもん》」が唱えられます。回向文では、経典読誦の功徳《くどく》を仏・菩薩や神々にふりむけて、そのご加護を仰ぎつつ、私たちの除災招福が祈願されます。

Q.7 施《せ》食《じき》会《え》とはどのような法要ですか？

施食会は、もとは施《せ》餓《が》鬼《き》会《え》と呼ばれる儀礼でした。地域によりこのように呼ばれる場合がありますが、現在の曹洞宗では施食会と呼ぶのが一般的です。

施食会の故事は『救《ぐ》抜《ばっ》焔《えん》口《く》餓《が》鬼《き》陀《だ》羅《ら》尼《に》経《きょう》』にあります。ある時のこと、お釈迦さまの弟子である阿《あ》難《なん》尊《そん》者《じゃ》が禅《ぜん》定《じょう》に入っていると、ある餓鬼（寄る辺のない死者）が現れて、「明日、無数の餓鬼などに飲食物を施し、さらに仏《ぶっ》・法《ぽう》・僧《そう》の三《さん》宝《ぼう》を供養してほしい。そうすれば、私を餓鬼の苦しみから救うことができる」と述べました。阿難尊者が、このことをお釈迦さまに告げると、「無《む》量《りょう》威《い》徳《とく》自《じ》在《ざい》光《こう》明《みょう》殊《しゅ》勝《しょう》妙《みょう》力《りき》」という名の陀羅尼を唱えれば、無数の餓鬼たちに施すのに十分な上等な食物を得ることができる、と教えられました。阿難尊者は、教えられたとおりに餓鬼たちを供養し、彼らをその苦しみから救ったのでした。

現在の施食会は、有縁《うえん》・無縁《むえん》を問わず、広く亡くなった生きものたちの霊を供養する儀礼として行われています。

施食会は随時行われる法要です。一般的にはお盆の時期に行われますが、地域や寺院により、五月頃や秋などに行われることもあります。法要では、特別な棚を設けて「三界万霊《さんがいばんれい》」と書かれた大きなお位牌を安置し、食物などを供え、僧侶が『甘露門《かんろもん》』など種々のお経を読誦《どくじゅ》します。そして、経典を読誦した功徳などを、すべての世界の諸霊たちに回向《えこう》し、その安穏《あんのん》をお祈りするのです。

Q.8 彼岸会《ひがんえ》とはどのようなものですか？

彼岸会は、春分と秋分の日とその前後三日間の、一週間にわたって行われる祖霊供養の儀礼です。世界の仏教国の中でも日本で盛んに行われる独自の儀礼です。

その由来については諸説あります。儀礼そのものの歴史は古く、九世紀の初めに朝廷による国家的祭祀《さいし》の一つとして行われていたようです。江戸時代には広く一般庶民にも浸透しました。

お彼岸の前日には、お仏壇や仏具を清め、供花《くか》もかえます。彼岸入りの日には、お仏壇に団子を一対、山のかたちにして供えます。以後、期間中は、毎日新しい食べ物などをお供えします。春分・秋分の日に当たる中日には、ぼた餅・おはぎを供えます。また、お寺参りやお墓参りをします。お寺では彼岸会の法要が営まれます。お彼岸明けの日には再びお団子を供えます。

お彼岸の間は、ご先祖さまへ感謝の気持ちを新たにして、まごころをもって供養することが大切です。「彼岸会」の「彼岸」とは、「あの世」を意味する言葉ですが、同時に、一切の迷い・苦しみのなくなった仏さまの悟りの世界も意味します。お彼岸の間は、ご先祖さまへの飲食物の供養だけにとどまらず、仏教への信仰をもつ者として、み教えにかなった善い行いをすることを心がけることも忘れてはなりません。むしろそうすることが、仏さまの弟子となられたご先祖さまに、大きな喜びをもたらすことになるでしょうし、仏の教えに導びかれていく私たちにとっても、心の安らかさを得ることがかなうのです。

Q.9 三仏忌《さんぶっき》とは何ですか？

三仏忌とは、仏教の開祖であるお釈迦さまの生涯における重要な出来事三つをたたえて、その足跡《そくせき》に思いを致す法要を総称する言葉です。すなわち、①降誕《ごうたん》（誕生）、②成道《じょうどう》、③涅槃《ねはん》の三つを指します。

日本では一般に、四月八日をお釈迦さまが誕生された日とします。曹洞宗寺院では「降誕会《ごうたんえ》」の法要を行います。この時、お釈迦さまの伝記に伝えられる故事にちなんで、生まれたばかりのお釈迦さまの姿をかたどった小仏像（誕生仏《たんじょうぶつ》）に甘茶《あまちゃ》をかけてお祝いします。

また、菩提樹《ぼだいじゅ》の下の金剛座《こんごうざ》で坐禅に入り、暁《あけ》の明星《みょうじょう》を見て悟りを開かれた成道の日は一二月八日とし、「成道会《じょうどうえ》」という法要を行います。曹洞宗の両大本山（永平寺《えいへいじ》・總持寺《そうじじ》）や各地の専門僧堂ほか諸寺院では、一二月一日から八日の早暁まで、「臘八摂心《ろうはっせっしん》」と呼ばれる集中的な坐禅修行期間を設けます。修行僧は、昼夜を問わない厳しい坐禅修行を行うことで、お釈迦さまの成道を追想し、たたえます。八日には、臘八粥《ろうはつがゆ》と呼ばれるお粥を仏前にお供えし、法要を行います。この粥は、修行僧らもともにいただきます。

また、八〇歳の生涯を終えられて涅槃に入られた日を二月一五日として、「涅槃会《ねはんえ》」の法要を行います。曹洞宗の各地の寺院では、お釈迦さまの最期の様子を描いた「涅槃図《ねはんず》」をかけて、そのご遺徳をしのび、感謝のまことを捧げます。また「涅槃団子《ねはんだんご》」と呼ばれる五色のお団子をつくってお供えします。涅槃団子は、お釈迦さまの舎利《しゃり》（ご遺骨）になぞらえたものであるとも言われ、食べると無病息《むびょうそく》災《さい》や厄除《やくよ》けなどのご利益《りやく》があると信じられています。

Q.10 大晦日の行事について教えてください。

曹洞宗寺院では、大晦日のために限定して設けられた特別な法要が行われることはありません。

ただし、大晦日の夜、深夜零時を挟む前後の時間帯に、梵鐘《ぼんしょう》のある寺院において、「除夜《じょや》の鐘《かね》」を撞《つ》く行事が行われます。

除夜の鐘は一〇八回撞くと言われます。この数の由来には諸説ありますが、その一つに人間の煩悩《ぼんのう》や苦しみの数を表しているという説があります。大晦日の夜に鐘を撞くことで私たちの心の塵《ちり》を払い除き、清い新たな気持ちでお正月を迎える、というのが、この場合の趣旨になります。

回数の理由はさておき、除夜には、過ぎ行く一年を省《かえり》みつつ、自分や家族など身近な人びとのことだけではなく、世界のすべての生きとし生けるものの安寧《あんねい》を願い、心穏やかに過ごすことが大切です。その気持ちは、除夜の時だけに限らず、新たな年の日々の心がけとして保っていかなければなりません。

コラム② ご祈禱寺院について

曹洞宗には、全国で一万五千ほどの寺院がありますが、制度的に「ご祈禱寺院」として指定されているお寺は一つもありません。しかしながら、さまざまな歴史的経緯や文化的背景から、特に霊験《れいげん》やご利《り》益《やく》があるとして人びとから信奉されている寺院があります。そして、それらの中には、人びとの宗教的ニーズに寄り添い、ご祈禱の依頼に積極的に応えてきた寺院が少なからずあります。それらのお寺は、ご祈禱だけに従事しているわけではありませんが、「ご祈禱寺院」と呼ぶことができます。

曹洞宗の祈禱寺院としては、まず、吉祥山永平寺《きちじょうざんえいへいじ》（福井県）と諸嶽山《しょがくさん》總持寺《そうじじ》（神奈川県）の両大本山を挙げることができます。永平寺は道元禅師さまが開かれ、總持寺は瑩山禅師さまが開かれました。両大本山は、修行道場であると同時に、両祖さまの祖跡として古くから人びとの信奉を集め、心のよりどころとなってきました。

他の代表的な寺院としては、観音さまの化身とされる道了大薩埵《どうりょうだいさった》を守護神として祀る大雄山最乗寺《だいゆうざんさいじょうじ》（神奈川県）、お稲荷《いなり》さんの本来の姿とされる荼枳尼天《だきにてん》を祀る円福山妙厳寺《えんぷくさんみょうごんじ》（豊川稲荷、愛知県）、龍道大龍王《りゅうどうたいりゅうおう》・戒道大龍女《かいどうたいりゅうにょ》の二龍神を祀る龍澤山善宝寺《りゅうたくさんぜんぽうじ》（山形県）が挙げられます。この三ケ寺は、曹洞宗の三大祈禱寺院などと呼ばれることもあります。

これ以外にも各地に「ご祈禱寺院」と呼べるお寺があります。また、ご祈禱寺院ではなくとも、参拝者の祈禱を受け付けているお寺はたくさんあります。

三　葬儀をご縁として

Q.1 葬儀を行ってはいけない日はありますか？

「お日柄《ひがら》」という言葉があります。「今日はお日柄も良く」と言ったり、「日が悪いから外出を避ける」ということを耳にします。

曹洞宗の教えのなかでは、「日々是好日《にちにちこれこうじつ》」という禅語が示すように、生きている一日一日をすべて佳《よ》き日ととらえ、生きていくことを説いています。そうした教えからすれば、葬儀を行ってはいけない日はないわけですが、社会全般では、葬儀に際して「友引」の日は避けるという習慣が一般化されていますし、実際には火葬場もお休みにしているため、この日の葬儀は行えないことも多いと思います。

ある地方では、十二支の「子《ね》」と「丑《うし》」の日、また「寅《とら》」の日の葬儀を避けるとの習慣もみられます。暦《こよみ》の中には「大安」や「仏滅」「友引」など「六曜《ろくよう》」や、「十干《じっかん》十二支」「三隣亡《さんりんぼう》」などの吉凶《きっきょう》を示すものが載せられております。曹洞宗では、こうした六曜や三隣亡などは、暦上の占いであり、迷信だと考えます。しかし、各地方で古くから日々の生活上での知恵、習わしとして定着しているのも事実です。私たちは、それらが根拠のない迷信として、人心《じんしん》を惑わし、差別などを生じさせてはいけないことを肝に銘じるべきでしょう。

このように古くから生活に根付いている暦を、きちんと理解した上で、社会の慣習として従っていく必要があるでしょう。そして、むやみに振り回されないようにも心がけたいものです。

Q.2 葬儀と告別式の違いは何ですか？

現在の社会では、「葬儀」と「告別式」は同じものを指すように受け取られているようですが、そもそも別のものです。告別式は明治末期に出てきたものとされ、昭和初期頃には都会を中心に増えていったといわれています。最初期においては宗教的儀礼（葬儀）をせずに、故人との別れをする式としてとらえられ、後に葬式の一種として流行していったようです。この昭和初期の告別式とは、葬式の式次を簡約にしたもので、時間と経費を節約するため、居宅《きょたく》を荘厳《しょうごん》して行われ、僧侶の儀礼も一部を省略したものが行われていたようです。

告別式は現在では葬儀の後に行われる式、あるいは葬儀に替わる式として、参列者や社会との別れを行う内容となっています。各地方においてその形式はさまざまあると思いますが、僧侶によって故人をお送りする儀礼（葬儀）と、その後に行われる弔辞や弔歌の朗読などを含む告別式とに分けられるでしょう。時代や地域で形は変わり続けていくでしょうが、故人を想い弔う気持ちは失いたくないものです。

Q.3 戒名とは何ですか？

戒名とは、仏教に帰依し仏弟子となった方に授けられるお名前です。仏の弟子となる際に、まもり保つべき教え（戒）を師から授けられます。その時に新たな名前（戒名）も与えられます。

曹洞宗では、三帰戒《さんきかい》・三聚浄戒《さんじゅじょうかい》・十重禁戒《じゅうじゅうきんかい》の合わせて十六の条戒《じょうかい》を授かることにより、仏の弟子となります。曹洞宗では大本山や各地の寺院にて「授戒会《じゅかいえ》」を開き、多くの檀信徒に参加していただき、仏さまとのご縁を結んでいただくよう勧めています。その際に仏弟子としてのお名前（戒名）もお授けし、お釈迦さまから連綿と続く系統を記した「血脈《けちみゃく》」も授けています。

以上のように本来、仏弟子になるには、生前に儀式を受けていただくことが前提となります。しかし、残念ながら生前にその機会を得られなかった故人に対し、葬儀に際して戒を授けて仏弟子とし、仏の世界へとお送りするのです。

葬儀において故人に対して、これから仏の弟子として歩んでゆく上での心構えとして戒を授けます。仏・法・僧の三宝に深く帰依《きえ》し、慎み深く仏の道を歩んでいくにあたり、戒名がそのよりどころとなっていきます。故人が新たな名前を受けて、仏さまの弟子として歩み出していくのです。

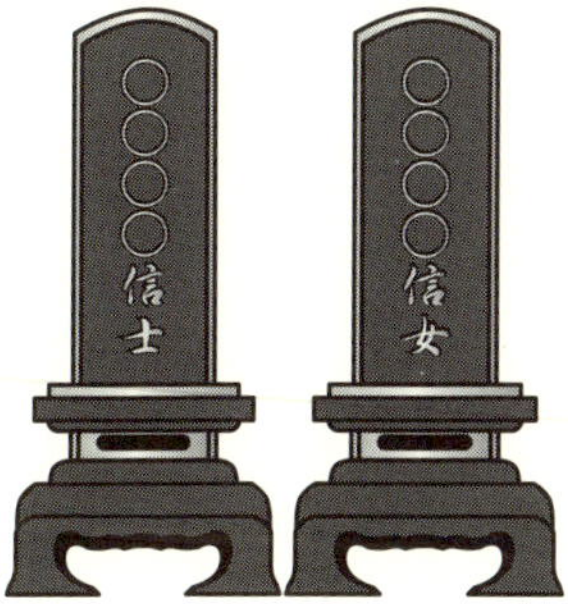

Q.4 御霊前と御仏前の違いは何ですか？

葬儀や法事の際に、お金をお包みしてお供えするのは、その故人に対しての想いや感謝の気持ち、ほとけの世界での安寧《あんねい》を祈る思いを、形にしたものと言えます。それは本来、お金ばかりでなく、お花やお菓子、果物、お香など故人が喜ぶ思いのこもった品物でありました。葬儀の時にそうした気持ちを、お香代としての「御香典《おこうでん》」、生花の代わりとして「お花代《はなだい》」としてお包みしてきたのです。

お包みの熨斗《のし》書きについては、冠婚葬祭のマナーを示した多くの指導書に述べられているとおりですが、各宗教・各宗派によって違いが見られます。その表書きには、先に示したように相手（故人）に対して贈る品物名などを記す場合と、相手（故人）へ向けられることを記す場合に分かれます。故人の尊称とその前にお供えするという意味の言葉として、「御霊前」や「御仏前」「御神前」と書かれているのです。

曹洞宗の場合、書き方についての厳密なきまりはありません。一般的な社会通例に沿って葬儀の際は「御霊前」、法事の際は「御仏前」と使い分けていただければよいでしょう。それ以外にも「御香典」「御《お》香奠《こうでん》」「御《ご》香華料《こうげりょう》」「御供《おんく》」「御《お》供物料《くもつりょう》」なども使われます。

Q.5 僧侶への御礼の表書きは、何と書いたらよいのですか？

葬儀に際して僧侶や寺院に対してお渡しするお包みには、「御布《おふ》施《せ》」と書いていただきたいと思います。

布施とは元来、仏道《ぶつどう》修行の六つの実践（六波羅蜜《ろくはらみつ》）の一つです。布施には、金品を施す「財施《ざいせ》」、相手の不安を取りのぞく「無畏施《むいせ》」、仏の教えを施す「法施《ほうせ》」の三種があり、葬儀の際には、檀信徒は財施を行い、僧侶は法施と無畏施を行うことになります。布施という仏の教えに適った修行を行うことにより、私たちは功徳を積むことができます。その功徳が供養によって今は亡き故人に向けられるのです。そうした意味で、お布施は亡き人への思いを形にしたものと考えることができるでしょう。

お布施の包み方は、正式には半紙で包んで仏事用の熨斗《のし》を付けますが、市販の熨斗袋や無地の袋などでもかまいません。その場合も紙幣を直《じか》に入れることなく、半紙などに包んでから入れるとよいでしょう。表書きの下には喪主名を書きます。また、渡し方についても配慮を心がけたいものです。葬儀を滞りなくつとめていただいた感謝の思いも込めてのお布施であり、菩提寺のご本尊さまへのお礼ともなりますので、礼を尽くしてお渡ししていただきたいと思います。そして何より「御布施」は、葬儀執行への対価《たいか》や料金ではないので、「お経料《きょうりょう》」「戒名代《かいみょうだい》」などの呼称は、本来的な意味から外れることを知っていただきたいと思います。（八四頁参照）

Q.6 葬儀ではどのようなことを行いますか？

葬儀は仏教に限らず、古来より人類共通に営まれてきています。さまざまな宗教においても、亡き人の冥福を祈り、遺された人々の喪失感を癒《いや》す営みが繰り返されてきました。

こうした葬儀への思いを根底に持ちつつ、曹洞宗の葬儀においては、故人に仏戒《ぶっかい》を授け、仏弟子になっていただき、ともに仏道《ぶつどう》を歩む仲間としてお送りする意味があります。

まず剃髪《ていはつ》の偈《げ》を唱え、導師がお剃刀《かみそり》を当てて髪を剃り、故人を仏さまの弟子の姿にさせるという儀式を行います。次に授戒《じゅかい》に先立ち懺悔文《さんげもん》を唱えさせ、仏弟子としての新たなスタート地点に立ってもらいます。その上で仏弟子として守るべき三帰戒《さんきかい》・三聚浄戒《さんじゅじょうかい》・

十重禁戒《じゅうじゅうきんかい》の十六条戒《じょうかい》を授けて仏門に入らせます。そして仏弟子となったお名前として「戒名」が授けられ、それを証明する「血脈《けちみゃく》」も授けられます。血脈は戒法《かいほう》(戒律の法)がお釈迦さまから脈々と私たちにまで伝えられてきたことを示すものです。

このようにして仏弟子となった故人をお送りするのです。儀式の最後に唱えられる引導法語《いんどうほうご》によって、故人の遺徳《いとく》を讃《たた》えながら仏法《ぶっぽう》の真意を述べ、これによって仏の道へと導くのです。

曹洞宗の葬儀では、亡き人を仏弟子にしています。その旅立ちが安らかになるように願い、遺された人々の悲しみをやわらげ、哀惜《あいせき》の思いに寄り添っていく厳粛《げんしゅく》な式といえます。

Q.7 葬儀の参列方法を教えてください。

お通夜や葬儀に参列する時は、参列本来の意味を忘れないように心がけたいものです。お通夜・葬儀は故人をお送りする式であり、故人との別れの式でもあります。故人の冥福、死後の安楽を心から祈るとともに、故人との別れを行うことが、参列する人それぞれに求められているのです。また、故人を失って悲しみに暮れる遺族の心を思いはかり、悲しみを共にすることや、なぐさめの思いを伝えることも、忘れたくないところです。

突然の悲報に接し、仕事などに追われながら参列することもあろうと思いますが、できるだけ時間の余裕をもって参列することが望まれます。故人の最後の時を心静かに見送るよう心がけてください。

お焼香の際は、祭壇に向かい合掌し一礼の後、抹香《まっこう》をつまみ額《ひたい》の前で丁寧に念じてから焚《た》きます。続いてもう一つまみ香を焚きます。これを従香《じゅうこう》と呼びます。曹洞宗での焼香は、この二回が基本となりますが、焼香人数が多い場合は、一回の焼香でお参りしましょう。

立ち上る香の煙を見ながら、手をあわせ、故人を想い冥福を祈ります。服装や立ち振る舞いも含め、故人を弔《とむら》う思いが伝わるよう、心に留めて参列しましょう。

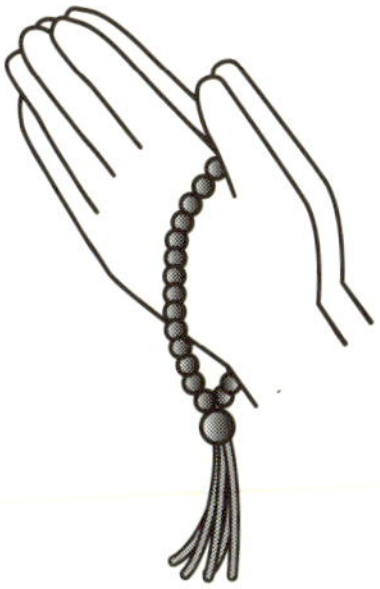

合掌するときは、左手の4本の指にかけ、房を下に垂らします。

参列中は左手に持つか、左手首にかけます。

コラム③　古い仏具はどうするの？

たとえば、新居に引越しをする際、これまでのお仏壇では大きすぎるから、新しく買い換えたいとのお話を耳にすることがあります。その際、よく聞かれるのが古いお仏壇をどのように扱ったらよいかということです。

お仏壇は、家庭のなかにある「小さな寺院」とも称されるように仏さまの居られる場所です。そこで、事情によってお仏壇を新しくされる際には、僧侶による、いわゆる「み魂《たま》ぬき」（「閉眼供養《へいげんくよう》」）を営みましょう。この供養を通して、これまでわが家を守っていただいたことに感謝の気持ちを捧げることができ、私たちの心のなかにもひと区切りをつけることができるのです。その後、お寺さまにお願いし、「お焚《た》きあげ」をしていただきます。ただし、現在では環境的配慮などから実施されないお寺さまもあります。その際には、新しい仏壇の購入先である仏具屋さんに引き取ってもらってはいかがでしょうか。

　新しく仏壇を置く際には、あらためて「み魂入《たまい》れ」（「点眼供養《てんげんくよう》」）を営みましょう。新しい仏壇には、ご本尊さまやお位牌《いはい》を祀り、また、花《か》器《き》やロウソク立て、香炉《こうろ》などの仏具を備えますが、仮にこれらを新調される場合には、やはり僧侶にお経を読んでいただきましょう。

　これらの対応については、地域や習慣によってもさまざまな違いがあります。まずは菩提寺にお尋ねください。

京都・清涼寺　仏壇供養会
写真提供：小堀進

四　法事・お盆を迎えて

Q.1 お墓にはどのようなときに、お参りをすればよいのですか？

そもそもお墓は仏壇と同じように、ご先祖さまや故人を祀る場所です。また、わが家の歩みを後世まで伝える象徴的な存在ですので、お墓参りは折あるごとに、いつでも行うべきでしょう。

故人の命日《めいにち》や月命日《つき》、あるいは春秋のお彼岸《ひがん》、お盆のときにはお墓参りをするのが習わしです。また私たちが迎える人生の節目にもお墓参りをしたいものです。例えば入学や就職、結婚、誕生などがあげられます。あるいは悩める時なども含まれます。

いずれの際にも先祖や故人に思いをめぐらし、感謝の気持ちを伝え、故人が安らかであることを祈ります。また日頃の報告をし、自分自身の行いを省みて、家族の幸せを見守ってもらえるよう念じます。

しかし諸事情により、お墓参りに行く機会が作れない場合は、ご自身ができる範囲で行うとよいでしょう。

お墓に苔や植物が生えることもあります。お墓を訪れた際に、先祖や故人をお祀りするお墓が汚れているのは、気持ちの良いものではありません。お参り時にお墓を掃除し、自分の日頃の行いを省みる機会にしてもよいでしょう。きっと先祖や故人、そしてお墓参りをした自分自身も、清々しい気持ちになることでしょう。

こうしたお墓参りは、特にお子さんを連れて行って欲しいものです。なぜ、お墓があるのか。自分たちの先祖は、どういう人だったのか。なぜ先祖が大切なのかなどを語り伝えることは、自分が今、生きているつながりを再認識する場でもあるのです。

Q.2 年回供養はどのように行えばよいのですか？

年回供養は故人の祥月命日《しょうつきめいにち》、またはお逮夜《たいや》（前夜）に営みます。しかし諸事情により都合がつかない場合は、祥月命日にあたる日より前に行うのがよいとされます。日取りの候補を決め、まずは菩提寺に連絡し日程を調整してください。施主家の都合のよい日であっても、寺院では諸行事が予定されている場合があるからです。

本来、供養とは、人びとがお釈迦さまのみ教えを学び、出会えたことに感謝して、お釈迦さまへ休息所をしつらえ、飲食《おんじき》などの供物でもてなすことを指していました。これらを行うことにより大いなる功徳を得られるとされてきました。こうした功徳を亡き人に廻《めぐ》らしむけることから供養の意味が展開してきました。その供養を法事と言うこともあります。

したがって供養とは、施主が仏さまに飲食や花、お香を供え、卒塔婆《そとうば》を建立《こんりゅう》し、ご住職とともに読経することによって、善根《ぜんこん》（善い行い）の功徳を積むことにあります。

その善い行いによる功徳を廻らしむけることにより、ご先祖さまや故人、さらに、すべての人びとの安寧を祈り、あわせて、自分を含むすべてのものが仏道を成就することを願うものです。心のこもった供養がとり行われるよう、施主として万全の準備をもって臨めるよう心がけてください。

年回供養は中陰《ちゅういん》にはじまり、百箇日忌、一周忌、三回忌と続きます。地域によって年回供養の行いかたは異なりますので、菩提寺へご相談ください。

Q.3

お位牌について教えてください。

位牌は故人の戒名や没年月日が記されるだけでなく、依《よ》り代《しろ》と考えられています。従来、位牌は「野《の》位牌」「内《うち》位牌」「寺《てら》位牌」の三種類があり、祀《まつ》られる場所が異なります。

野位牌は人が亡くなると作られる白木の簡素なもので、墓前に祀られ朽ち果てるにまかせるとされています。内位牌は施主家で祀る位牌で本《ほん》位牌とも呼ばれ、漆塗りの位牌です。寺位牌は寺院に位牌堂がある場合、特別に作った位牌をそこに納め祀って、永年、供養していただきます。

位牌の起源は諸説あって、儒家《じゅけ》の習俗から説明されるのが一般的です。儒家では「位板《いはん》」「木主《ぼくしゅ》」などといって、祖先や両親の存命中の位官・姓名を桑や栗の木に書き、神霊《しんれい》（死者の霊）を宿《やど》らせる風習があったといわれます。宋代にこれを禅僧が中国から日本へもたらし、仏教に転用されていったとされています。

位牌は仏壇のご本尊さまや内部の作りにあわせ、大きさを選択します。また位牌は本来一人ずつ作るものですが、夫婦の場合、一つの位牌に二人の戒名を連ねることもあります。また先祖位牌が多い場合は、「繰《く》り出《だ》し位牌」を用いるか、先祖代々の戒名と命日などを記した精霊簿《しょうれいぼ》（過去帳）を用いるとよいでしょう。

多くの場合、位牌は台座が蓮華《れんげ》の形をしています。これは仏《ぶつ》・菩《ぼ》薩《さっ》がのる台座であり、そこに成仏した故人を祀り、敬っているのです。

Q.4 法事の際、私たちもお経を読んでよいのですか？

是非、一緒にお経を読んで下さい。ただし、ご法事の進行具合にもよりますので、菩提寺のご住職にご唱和が可能かどうか、必ずお尋ねしてみましょう。

さてお経の読誦《どくじゅ》には、功徳（心を清めるはたらき）があると言われています。また功徳を得るためには、積極的にお経を読むことが大切になります。読誦以外にも、経典を受持《じゅじ》（記憶）したり、解説《げせつ》（説明）したり、書写《しょしゃ》することでも、お経のもつ力を得ることができると言われています。

また経典に親しむことによって、経典の説く教えを知ることができます。そして、その内容が少しでも分かれば、私たちの生き方やこころにも深くしみこんでいき、仏さまの教えに沿った生き方（自《じ》利行《りぎょう》）ができることでしょう。

さらに大乗仏教の経典においては、菩薩行《ぎょう》を最も尊いものとして説きます。自分が積んだ善い行いの功徳を、他のため、他の衆生《しゅじょう》が悟りを得るために廻《めぐ》らすことを菩薩行といいます。経典を読む功徳をも他に廻らしむける菩薩行として実践しているのです（利《り》他行《たぎょう》）。

お経を読むことは、仏の教えを聴くことであり、その教えを通して自分の生き方を見つめなおすことにほかなりません。

Q.5 法事の時の服装や持ち物はどうしたらよいですか？

法事に参列するときの服装や持ち物について、曹洞宗では特に定めていませんが、華美でないことを心がけるべきです。またご本尊さまや故人の前に立ち、ご焼香や手をあわせることを考えると、その場にふさわしくない服装が想像できるでしょう。

施主の場合、三回忌くらいまでは礼服を着用します。それ以降は地味な平服でもよいでしょう。お招きする方がたの服装が平服でよい場合は、早めにご案内を差し上げてください。

また、招かれた場合は、忌明け（四九日忌）までは、葬儀と同じく礼服にします。一周忌から三回忌は施主の意向を確認して、服装を決めたほうがよいでしょう。七回忌を過ぎれば、黒のスーツでなくてもよい場合が多くなります。そして、施主も参列者も数珠《じゅず》（念珠《ねんじゅ》）を忘れずに持参しましょう。

男性　喪服、ダークスーツ、靴下は黒または紺、グレー。ワイシャツは白の無地。ネクタイは黒。

女性　〔洋装〕黒または地味なスーツ、ワンピース。光沢のあるものは避ける。〔和服〕喪服または色無地に黒の帯。

子ども　学生服。大人に準じた服装。

さらには、お辞儀や焼香の時など、長い髪が邪魔にならないように髪型にも気を付けたいものです。また整髪剤や香水、アクセサリーも控えましょう。

各地方により慣習が異なりますので、事前に菩提寺か、親族の年長者に尋ねておくとよいでしょう。

Q.6 お布施とは何ですか？

お布施とは、僧侶や寺院にお渡しするものと考えてしまいますが、そもそもお布施は、慈悲《じひ》の心をもって、他人に財物などを施し、自分の執着《しゅうじゃく》する心をなくしていく行為（修行）のことです。仏教において、僧侶ばかりでなく在家信者が日々実践していくべき六つの徳目の第一として、この布施は説かれています。

道元禅師さまは『正法眼蔵菩提薩埵四摂法《しょうぼうげんぞうぼだいさったししょうぼう》』の中で〈その布施というは不貪《ふとん》なり。不貪というは、むさぼらざるなり〉と述べておられます。布施とは「むさぼらない」ことです。むさぼらないとは、「私のものだと固執しない」ということだと説かれているのです。

そして布施には、財産を施す「財施《ざいせ》」、仏教の教え（法）を説く

「法施《ほうせ》」、不安をとりのぞき安心・安穏を与える「無畏施《むいせ》」の三種があります。これらの布施の行為には、それを与える人・受ける人・施すものの三つに、何らかの思惑がない状態で行うものとされています。つまり、見返りを期待したり、ものおしみの心があったりすれば、お布施とはならないのです。

布施の行為は、私たちが悟りに近づくための仏行《ぶつぎょう》です。その仏行の功徳を、供養によって今は亡き故人に向けるのです。お布施は、亡き人への思いをかたちにしたものと考えることができるでしょう。

道元禅師さまは同書の中で〈みずからがちからをわかつなり〉と説かれております。実際には、経済的な事情や社会一般的な相場などがあると思いますが、ご自身ができる範囲で布施を行えば、心の安らぎが得られるはずです。

Q.7 お盆を迎えるためにはどんな準備をすればよいですか？

ご先祖や身近に亡くなった故人をお迎えする行事が、お盆です。大事なお客さまをもてなすように、家のすみずみまで掃除をしてきれいにし、身じたくもあわせて行いお迎えします。お盆のご供養は迎え火に始まり、送り火に終わります。

特に、お盆中は先祖をお迎えするために盆棚《ぼんだな》（精霊棚《しょうれいだな》）を設け、そこに先祖の位牌を安置し、供物（蓮の葉に賽《さい》の目に切ったナスや洗米、水など）をお供えします。またキュウリ、ナスで作った牛馬を供えます。牛馬は先祖が行き帰りに用いるといわれています。盆棚を設けない家でも、仏壇を清掃し、お迎えしましょう。

またお盆中、僧侶に来ていただき読経をしてもらうことを棚経《たなぎょう》といいます。菩提寺に棚経の依頼をし、来られる日程や時間などを聞いておくとよいでしょう。新盆の場合、親族や友人を招き精進《しょうじん》料理や故人の好物でもてなし、故人の供養を丁重に行うところが多いようです。できるだけ心をくだき不備のないようにすることは、何も生きている人だけに限られたことではありません。ご先祖さまや亡き故人にも同様にもてなすことが、お盆の準備に含まれます。

流れていく日常の中、ご家族で集い、盆棚にお供えものや提灯《ちょうちん》をしつらえて、命のつながりを確認するお盆。

実際の準備物や仏具の配置は地域の慣習によっても異なりますので、まずは菩提寺へ、ご相談ください。（一四二頁参照）

Q.8 お盆にはご先祖さまがかえってくるのですか？

お盆は古来からの年中行事として、大切にされています。仏教伝来以前から、祖霊《それい》信仰として行われてきたといわれています。民俗学者の柳田国男によれば、日本人には「あの世にいる先祖は山や海に住んで、お盆や正月に子孫の元に帰ってくる」との信仰があったということです。また太古の日本では「先祖の霊は死後、時間の経過とともに浄化され、やがて氏神になり子孫を守るようになる」との信仰がありました。

のちに仏教が伝来し、そうした日本古来の祖霊観と融合していきました。そして先祖供養が日本における宗教の中心的立場となっていったのです。こうした祖霊観を基にして、盆の行事は日本の宗教文化として育まれてきました。その根底にあるものを「霊信仰《たま》」といいます。各地の宗教文化の風習などが加わり、宗派による違いなどもありますが、ご先祖さまや故人の霊《たま》が帰って来ると考えられています。

また、お盆の風物詩として盆踊りがあります。もともとは平安時代頃から始められた念仏踊《ねんぶつおど》り（踊念仏）であり、それがお盆の行事と結びついたといわれています。

曹洞宗においても、こうした古くから伝えられてきた信仰を、亡き人と触れ合う大切な行事として営んできています。

このようなお盆の期間、ご家庭では家族や親戚が集まり、ご先祖や故人の御霊《みたま》を迎え、感謝の気持ちを伝え供養する行事として、現在も大切に行って欲しいものです。

Q.9 お盆の供養は、どのようにするべきですか？

お盆となると、世間では大型連休のような扱いになり、ご家族で国内外の旅行に出かける姿が見受けられます。

元来、お盆は先にも述べたように、亡くなられた方が帰ってこられると捉えられています。こうした考えから、このお盆の時期はできるだけご家族で故郷に帰省して、菩提寺へのお参りやお墓参りをして欲しいものです。

またお盆のご供養は、こうした時期だからこそ、祖父母や両親からお盆の風習、その土地の文化を受け継げる大変貴重な機会です。わが家に伝わるご先祖さまの祀り方、お供えものの作り方や片づけ方、心構えを教わりましょう。また、この行事を子どもに見せながら伝えていくことは、命の教育にもつながります。先祖を祀る意義や、自分と先祖とのつながりなど、いろいろな疑問がわいてくる子どもにとって、それらを教わることが身近な歴史の勉強にもなり、今、自分が生きていることにつながっていると実感し得るのです。こうした営みを絶えることなく受け継ぎ、次の世代へ伝えていくことが、家庭における仏教の「相承《そうじょう》」となります。家族、親戚とともに先祖や故人を偲び、日頃の感謝を伝え供養して欲しいものです。

お盆中、僧侶が各家を訪問し読経をされる場合は、家族全員が僧侶の後ろに座るのが望ましいです。

お盆の終わりには「精霊流し」「灯籠《とうろう》流し」を行う風習もあります。お盆の風習や祀り方などの準備が各地で異なりますので、詳しくは菩提寺へお問い合わせください。

コラム④　食を「いただくこと」の大切さ

道元禅師さまは、食や調理の心構えなどを『典座教訓《てんぞきょうくん》』に、食事をいただく心構えや作法を『赴粥飯法《ふしゅくはんぽう》』に説かれ、「食」を日々の重要な修行として説き示されております。

『赴粥飯法』の中にある「五観《ごかん》の偈《げ》」は、僧侶が食前に唱えるものですが、ここでは私たちの生活に役立てられるように紹介してみます。

◎一つには功《こう》の多少《たしょう》を計《はか》り彼《か》の来処《らいしょ》を量《はか》る

目の前の食が、どれだけ多くの人の手間に支えられ、また、どのような場所から食材がここに届けられたのかをよく考え、感謝していただきます。

◎二つには己《おのれ》が徳行《とくぎょう》の全欠《ぜんけつ》と忖《はか》って供《く》に応《おう》ず

食べものをいただくのに、自分の行いを省みて、ふさわしい生き方をしているかどうか。仏の教えにかなった生き方をしているかどうか、省みながらいただきます。
◎三つには心《しん》を防ぎ過《とが》を離《はな》るることは貪等《とんとう》を宗《しゅう》とす
食べものをいただいたからには、貪《むさぼ》り、いかり、愚かさを離れて生活をしていきます。そうすることで心が安らかとなります。
◎四つには正《まさ》に良薬《りょうやく》を事《こと》とするは形枯《ぎょうこ》を療《りょう》ぜんがためなり
食事は生命を支えるための薬です。好き、嫌いをせずいただきます。
◎五つには成道《じょうどう》の為《ため》の故《ゆえ》に今《いま》この食《じき》を受《う》く
食べものによって与えられたこの命でもって、よりよい生き方をしていきます。

食事は食欲にまかせて食べることではありません。手をあわせ一つひとつの命に感謝の気持ちを表し、食事をいただく行為が大切な修行として位置付けられているのです。

五　み教えをいただいて

Q.1 一仏両祖とは何ですか?

「一仏《いちぶつ》」とは、お釈迦さまのことを指します。また、「両祖《りょうそ》」とは、高祖《こうそ》と尊称される道元禅師《どうげんぜんじ》さま、太祖《たいそ》と尊称される瑩山禅師《けいざんぜんじ》さま、この曹洞宗にとって欠くことのできないお二人を指すものです。

お釈迦さまが説かれた仏法は、歴代の祖師方の以心伝心によって継承され、道元禅師さまによって日本へともたらされました。そして、この正伝の仏法は、瑩山禅師さまによって日本全国へと展開されたのです。このことから、曹洞宗ではお釈迦さま、道元禅師さま、瑩山禅師さまを「一仏両祖」として仰ぎ尊ぶのです。

お盆の棚経でご自宅にうかがった際、ご先祖さまのお位牌しか祀られていない仏壇をおみかけします。ご本尊さまとして、「一仏両祖」を仏壇に祀ることが望まれます。

お釈迦さまの教えは、祖師方の大慈大悲の心によって相承され、後世へと伝えられました。連綿と教えが伝わってきたことをしっかりと受け止めて、仏法にめぐり逢えたことへ報恩感謝《ほうおんかんしゃ》の念を抱きながら日々のおつとめをいたしましょう。

三尊仏
写真提供：曹洞宗宗務庁

Q.2 曹洞宗の本山はどこですか？

曹洞宗には、大本山永平寺《だいほんざんえいへいじ》と大本山總持寺《そうじじ》と二つの大本山があり、両大本山と称しています。

大本山永平寺は、正式名称を吉祥山永平寺《きちじょうざんえいへいじ》といいます。道元禅師《どうげんぜんじ》さまによって開創されました。道元禅師さまは三四歳の頃、京都深草《ふかくさ》の観音導利院《かんのんどうりいん》（のちの興聖寺《こうしょうじ》）に住し、その地を中心に活動されていました。

その後、寛元《かんげん》元年（一二四三）、四四歳のときに越前国（福井県）へと活動拠点を移し、翌年、大仏寺《だいぶつじ》を開かれました。そして、

写真提供：大本山永平寺

寛元四年（一二四六）に永平寺と名称が改められて、現在へいたっています。

大本山總持寺は、正式名称を諸嶽山總持寺《しょがくさんそうじ》といいます。元亨《げんこう》元年（一三二一）、瑩山《けいざん》禅師さまが五八歳のとき、能登国（石川県）の諸嶽寺《もろおかでら》を定賢律師《じょうけんりっし》から譲られて、諸嶽山總持寺としたことに始まります。

写真提供：大本山總持寺

以後、北陸にて弟子の育成と人々の教化《きょうか》の中心的役割をつとめていましたが、明治三一年（一八九八）に伽藍《がらん》を焼失しました。これにより、明治四四年（一九一一）に神奈川県へ移転し、現在へといたっています。そして、能登の地は大本山總持寺祖院《そいん》として再建されています。

Q.3 曹洞宗のお寺は各地にも多くあるのですか？

曹洞宗の寺院は、地方によって多い地域や少ない地域もみられますが、全国に約一万四千五百ケ寺余りあり、すべての都道府県に所在しています。

その中心に位置するのが、福井県にある大本山永平寺と、現在は神奈川県に移っておりますが、もともとは今の石川県に開かれた大本山總持寺です。これらの道場から、その教えが全国へと広がっていったといわれています。

曹洞宗の教えは師から弟子へと直接、受け継がれていきます。それは「一つの器の水を、次の器にそのまま移す」ように余すところなく、受け継がれていくのです。道元《どうげん》禅師さまの説かれた教えは、懐奘《えじょう》さま、義介《ぎかい》さまと受け継がれ、瑩山《けいざん》禅師さまへと至りました。

瑩山禅師さまのもとからも峨山《がさん》さまや明峰《めいほう》さまなど多くの弟子が輩出されています。そして、特に峨山さまのお弟子さまには、「五《ご》哲《てつ》」「二十五哲《てつ》」と尊称される多くの優秀な祖師方がおり、こうした祖師方が各地域に布教されたことから、曹洞宗の教えが広がりました。

師の教えや想いが受け継がれていくことを「相承《そうじょう》」といいます。各寺院では代を重ねるなかで、そうした相承（師から受け継ぎ）、相承（弟子へ受け継ぎ）をくり返して、現在へと至っているのです。

Q.4 曹洞宗にとって坐禅とは何ですか？

さまざまな修行形態があるなかで、道元禅師さまは坐禅こそがその根幹をなすものと捉えました。「只管打坐《しかんたざ》」との言葉のように、坐禅を中心とした修行生活を門下の人々に説かれたのです。

道元禅師さまが著された『正法眼蔵《しょうぼうげんぞう》』には、たとえば、『弁道話《べんどうわ》』に〈諸仏如来《しょぶつにょらい》、ともに妙法《みょうほう》を単伝《たんでん》して、阿耨菩提《あのくぼだい》を証《しょう》するに、最《さい》上無為《じょうむい》の妙術《みょうじゅつ》あり〉とあるように、坐禅こそがお釈迦さまから伝わる仏法《ぶっぽう》を学ぶ唯一の方法と説かれています。

ただし、ひとくちに坐禅といっても、その捉え方はさまざまです。

道元禅師さまは〈坐禅は習禅《しゅうぜん》にはあらず。大安楽《だいあんらく》の法門《ほうもん》なり。不染《ふぜん》汚《な》の修証《しゅしょう》なり〉と『坐禅儀《ざぜんぎ》』で説かれるように、仏になろうという目的意識を持つ坐禅を否定されました。それは、ひたすらに坐禅する姿そのものが仏の姿であり、それが安楽の教えであると捉えたことによります。

そして、『坐禅箴《しん》』では〈おおよそ仏祖《ぶっそ》の児孫《じそん》、かならず坐禅を一大事《いちだいじ》なりと参学《さんがく》すべし〉と述べられ、お釈迦さまや歴代の仏祖の教えを相承する者は、坐禅を一番大切なこととして学びなさいと説かれるのです。

このように、曹洞宗にとって坐禅とは欠くことができない大切な修行なのです。

Q.5 曹洞宗の教えを日々実践する方法を教えてください。

曹洞宗では、坐禅を中心に日常生活のあらゆる場面を修行と捉え、その一つひとつを大切にします。

たとえば、食事に関して、道元禅師さまは『典座教訓《てんぞきょうくん》』を著されています。典座とは修行者の食事を担う役職のことをいいます。この典座の役割を通して食事を担うことの重要性が説かれています。そこでは、〈一茎草《いっきょうそう》を拈《ねん》じ宝王刹《ほうおうさつ》を建て、一微塵《いちみじん》に入って大法輪《だいほうりん》を転《てん》ぜよ〉とのお言葉のように、どんなに些細と思われる作業にも、仏さまが顕れるとの信念をもって真摯に取り組むことが大切であると説かれているのです。

また、『赴粥飯法《ふしゅくはんぽう》』では、食事の作法について懇切丁寧に説かれています。〈此《こ》の食《じき》は、法喜《ほうき》、禅悦《ぜんえつ》の充足《じゅうそく》するところなり〉と示されるように、仏の教えを聴いたり、坐禅の実践と同様に、食事をいただくことが大切な修行であることを教えています。

日常生活のさまざまな行為が、生きるために欠かすことのできないものであることを、ともすれば私たちは忘れてしまいがちです。そこで、食事をはじめとする日常の一つひとつの行いを大切にしなさいと説かれるのです。

そして、瑩山禅師さまも『坐禅用心記《ようじんき》』において〈無常《むじょう》を観《かん》ずることを忘《わす》るべからず。是《こ》れ探道《たんどう》の心を励《はげ》ますなり〉と説かれます。無常であるからこそ尊いこの一瞬を精一杯につとめることが、仏道を歩むことにほかならないと示しておられるのです。

両祖さまの教えを心に留めて、日々つとめていきたいものです。

Q.6

曹洞宗では坐禅のほかに何をしますか？

曹洞宗の寺院では、坐禅を中心としながらも、朝のおつとめから日々の作務など、それぞれの行事に綿密に取り組む修行生活を営んでいます。

この坐禅について、道元禅師さまは、『宝慶記《ほうきょうき》』のなかで〈衆生《しゅじょう》を忘れず、衆生を捨てず、ないし、昆虫にまでも、常に慈念《じねん》を給《きゅう》して、誓って済度《さいど》せんことを願い、あらゆる功徳を一切《いっさい》に廻《めぐ》らし向《む》けるなり〉と説かれています。また、瑩山禅師さまは、『坐禅用心記』において〈常に大慈《だいず》大悲《だいひ》に住《じゅう》して、坐禅無量《むりょう》の功徳を、一切衆生に回向《えこう》せよ〉と説かれています。このように、両祖さまは、一切衆生とともにありながら、坐禅の功徳を廻らし向けることを説かれているのです。

この両祖さまの教えを実践するにあたり、曹洞宗では日々さまざまな活動に取り組んでいます。

檀信徒の法事や葬儀式をとり行うことはもちろんのこと、例えば、坐禅体験ができる参禅会《さんぜんかい》や、梅花流詠讃歌《ばいかりゅうえいさんか》を奉詠する梅花講《ばいかこう》を開催しています。また、写経会を実施している寺院もあります。このような機会を設け、仏さまの世界に触れていただくのです。

また、寺院の外においては、ボランティア活動にも取り組んでいます。とくに災害によって被害に遭われた被災地支援活動には、曹洞宗をあげて積極的、継続的に取り組んでいます。このほかにも、さまざまな社会福祉活動も行っています。

このようにして、両祖さまの教えを日々実践しているのです。

Q.7

『正法眼蔵』とはどのようなものですか？

『正法眼蔵《しょうぼうげんぞう》』とは、道元禅師さまの代表的著作であり、曹洞宗の宗典です。その巻数は九五巻に及んでいます。

この題名には、お釈迦さまから歴代の祖師方を通して受け継がれた「正しい教法の眼目をあますところなく収蔵したもの」との意味があります。題名からわかるように、本書にはお釈迦さまから相承《そうじょう》された仏法が説き示されているのです。

当時の仏教教典の多くは漢文で書かれていましたが、道元禅師さまは和文を用いることで、わかり易く示されています。

各巻に眼を向けると、たとえば「現成公案《げんじょうこうあん》」の巻《まき》では「仏道をならうというは自己をならうなり」として、ひたすら坐禅をする「只《し》管打坐《かんたざ》」によって、自分自身を探究することが仏道にほかならないことが説かれています。

このほかの巻では、「仏性《ぶっしょう》」の巻、「諸法実相《しょほうじっそう》」の巻のような仏教用語を題名とするものや、「無情説法《むじょうせっぽう》」の巻、「恁麼《いんも》」の巻のような禅語を題名とする巻があります。これらの巻で、道元禅師さまは数多くの経典の言葉や仏祖の問答などを引用しながら、それぞれの主題の意図するところを示されています。

また、「坐禅儀《ざぜんぎ》」の巻では坐禅の作法を説かれ、「洗面《せんめん》」の巻や「洗浄《せんじょう》」の巻においては修行生活の営み方を説かれるなど、具体的な実践方法を解説されている巻もあります。

このようにさまざまな主題に対し、道元禅師さまは自らの修行生活を通じて得た境涯に基づいて、説き示されているのです。

Q.8

『伝光録』とはどのようなものですか？

『伝光録《でんこうろく》』とは、瑩山禅師さまが修行者に対して説き示された際の教えの記録であり、曹洞宗の宗典です。

正安二年（一三〇〇）から加賀国（石川県）大乗寺にておこなわれた説法が侍者たちによって記録・編集され、今に伝わっています。

題名にみえる「光」とは、お釈迦さまが説かれた仏法のことを指します。光と表現されるお釈迦さまの教えが、歴代の祖師方によって相承《そうじょう》され、伝えられてきたことを示す書名であるわけです。

説法されるにあたり、瑩山禅師さまは仏法が相承された系譜に沿って示されました。お釈迦さまの教えは摩訶迦葉尊者《まかかしょうそんじゃ》へと伝えられ、二六人の祖師方を経て達磨《だるま》さまに伝わります。達磨さまは中国へと渡られて慧可《えか》さまに伝え、二〇人の祖師方を経て如浄《にょじょう》さまに伝えられました。その教えを道元禅師さまが相承されて日本へもたらし、第五二祖である懐奘《えじょう》さまへと伝えられたのです。このような一仏五二祖からなる仏法相承の系譜を踏まえながら、瑩山禅師さまはお一人ずつ、悟りの機縁を主題として修行者に説かれたのです。

全五三章にわたり、瑩山禅師さまはさまざまな文献資料に基づきながら、悟りの因縁や伝記などを提示されます。そして、道元禅師さまの教えを踏まえながら、懇切丁寧に解説されています。

このような説法を通して、歴代の祖師方が徹底した仏道修行に打ち込み、仏法を相承してきたことが修行者たちに示されています。そして、励ましの言葉をかけながら、さらなる修行に邁進することを説かれているのです。

Q.9 『修証義』とはどのようなものですか？

『修証義《しゅしょうぎ》』とは、道元禅師さまの著作『正法眼蔵』の各巻に展開される教えの主旨に基づき編集された宗典です。

その成立経緯については、まず、明治二一年（一八八八）、大内青《おおうちせい》巒居士《らんこじ》が中心となり、在家教化のために編纂された『洞上在家修《とうじょうざいけしゅ》証義《しょうぎ》』が刊行されました。この内容を当時の大本山永平寺《だいほんざんえいへいじ》貫首滝谷《かんしゅたきや》琢宗禅師《たくしゅうぜんじ》と大本山總持寺《だいほんざんそうじじ》貫首畔上楳仙禅師《かんしゅあぜがみばいせんぜんじ》の両禅師が検討され、明治二三年（一八九〇）に『曹洞教会修証義《そうとうきょうかいしゅしょうぎ》』として公布されました。

その後、改名されて現在の『修証義』となったのです。

本書の構成は、「総序」「懺悔滅罪《さんげめつざい》」「受戒入位《じゅかいにゅうい》」「発願利生《ほつがんりしょう》」「行持報恩《ぎょうじほうおん》」の全五章からなります。

その概要をみてみますと、第一章では仏教の教えとともに生きることが大切であると説かれています。そして、具体的な実践方法として、第二章では仏教を信じて自分自身を省みることの大切さが説かれ、第三章では日々の生活のなかで規範を守ることが肝要とされます。さらに、第四章では自分自身だけのことを考えずに生きようとすることを心がけ、第五章では仏教の教えを学び、実践しながら、毎日を感謝の気持ちで過ごすことが大切であると説かれています。

このように日常のなかで実践することで、お釈迦さまの教えを一層深く理解することができます。また、身をもって実感し、体得することができるわけです。

本書では、仏教徒としての日々を送ることの大切さを、私たちに説き示しているのです。

Q.10 ご詠歌とは何ですか？

ご詠歌とは、仏さまのみ教えを旋律にのせてお唱えするものです。『妙法蓮華経《みょうほうれんげきょう》』にも〈千万《せんまん》の偈《げ》を以《もっ》て諸《もろもろ》の如来に歌詠《かえい》したてまつる〉とみられるように、大切な仏行《ぶつぎょう》です。古くより和讃《わさん》や声明《しょうみょう》として広く行われていました。

曹洞宗では「梅花流詠讃歌《ばいかりゅうえいさんか》」として、昭和二七年に創立されています。そして、梅花流詠讃歌をお唱えする「梅花講」が各地の寺院に設けられ、その数は六四〇〇以上にのぼり、講員は約一五万人を数えます。それぞれの講では、師範《しはん》による指導のもと、詠讃歌をお唱えすることはもとより、曹洞宗の正しい教えを学んでいます。

たとえば、曹洞宗宗歌でもある「正法御和讃《しょうぼうごわさん》」は次のようです。

花《はな》の晨《あした》に片頬笑《かたほえ》み　雪《ゆき》の夕《ゆう》べに臂《ひじ》を断《た》ち
　代々《よよ》に伝《つた》うる道《みち》はしも　余処《よそ》に比類《たぐい》は荒磯《あらいそ》の
　　波《なみ》も得《え》よせぬ高岩《たかいわ》に　かきもつくべき法《のり》ならばこそ

この歌には、お釈迦さまから摩訶迦葉尊者《まかかしょうそんじゃ》、そして、達磨《だるま》さまから慧可《えか》さまへと、この上なく尊い教えが歴代祖師を通じて相承《そうじょう》され、現在へ伝えられてきたことが詠まれています。お唱えすることで、それを学ぶことができ、さらに、法を伝えていただいたことへ報恩感謝することができるのです。

このように、詠讃歌では一仏両祖をお讃えし、また、ご先祖さまを敬う心をもってお唱えするのです。

お唱えすることで、心が安らかになるとともに、きっと楽しいひとときを過ごすことができるでしょう。

Q.11 み教えをいただく機会には何がありますか？

寺院で営まれる法要に参加したり、親しい人の法事や葬儀式に参列した経験もあるでしょう。これらの行事に参加することでも、み教えをいただくことができます。

このほかの機会として、両大本山（永平寺・總持寺）への参拝などもよいでしょう。坐禅が体験できる参禅会に参加していただくこともよい契機といえます。また、曹洞宗宗務庁が主催する「禅を聞く会」など、各地で行われる講演会に参加するのもよいでしょう。このように、み教えをいただく機会はさまざまありますが、ここでは、とくに授戒会《じゅかいえ》をとりあげたいと思います。

授戒会とは、お釈迦さまの弟子となり、仏教徒として生きることを自覚する「戒《かい》」を授《さず》かる儀式です。〈衆生仏戒《しゅじょうぶっかい》を受《う》くれば、即《すなわ》ち諸仏《しょぶつ》の位《くらい》に入《い》る、位大覚《くらいだいがく》に同《おな》じうし已《おわ》る、真《まこと》に是《こ》れ諸仏《しょぶつ》の子《みこ》なり〉との教えのように、この戒を授かることにより、ともに仏道を歩む仲間となるのです。

授戒会は、一週間を基本とし、坐禅や礼仏《らいぶつ》などを修行し、それぞれの指導の老師から、受戒の作法や教えを受けます。そして、五日目に懺悔《さんげ》の式がとり行われ、六日目に「戒師《かいし》」と呼ばれる導師から仏の戒法《かいほう》を受け、須弥壇《しゅみだん》に登壇《とうだん》し、血脈《けちみゃく》を受けます。

このような儀式を通して、仏の教えを聞き、礼拝を重ねることで、その徳が自身を満たし、仏心《ぶっしん》に目覚めるのです。

授戒会は、両大本山をはじめ近隣の寺院でも営まれる機会があります。是非、授戒の好縁を結ばれますようお勧めいたします。

コラム⑤　両祖について

　曹洞宗では道元禅師さまと瑩山禅師さまを両祖さまと仰いでいます。

　道元禅師さまは、正治《しょうじ》二年（一二〇〇）京都に生まれ、一四歳の時に比叡山《ひえいざん》で得度《とくど》し、修行されました。その後、二四歳で宋《そう》の国へと渡り、如浄《にょじょう》さまと出会い、その法を嗣がれたのです。

　帰国してまもなく、自身が体得した坐禅の教えを広めるために『普《ふ》勧坐禅儀《かんざぜんぎ》』を著しています。三四歳の時に京都深草《ふかくさ》の観音導利《かんのんどうり》院《いん》（のちの興聖寺《こうしょうじ》）に住し、弟子の養成と信者の人びとの教化につとめられました。その間、『正法眼蔵《しょうぼうげんぞう》』をはじめとする数々の執筆活動に取り組まれました。

　四四歳のとき、活動拠点を越前国（福井県）へと移され、現在の大本山永平寺を建立されました。以後、その地で修行生活を続けられましたが、建長《けんちょう》五年（一二五三）、京都にて五四歳のご生涯を閉じられたのです。

瑩山禅師さまは文永《ぶんえい》元年(一二六四。文永五年説もある)、越前国に生まれました。八歳で永平寺に入り、義介《ぎかい》さまのもとで修行を始めます。そして、一三歳の時に懐奘《えじょう》さまについて正式に僧となりました。一九歳になると諸国行脚へと出向かれています。

三五歳の時に義介さまの後を継いで加賀国(石川県)の大乗寺《だいじょうじ》の住職となりました。その時に説示された教えの記録が『伝光録《でんこうろく》』です。

五〇歳の時には能登に洞谷山永光寺《とうこくさんようこうじ》を開かれ、さらに、五八歳のときには寄進された諸嶽寺《もろおかでら》を改め、諸嶽山《しょがくさん》總持寺を開かれています。瑩山禅師さまの門下には優れた人材が集まり、現在の曹洞宗発展の基礎を築かれています。正中《しょうちゅう》元年(一三二四)、總持寺を峨山《がさん》さまへと譲られ、翌正中二年(一三二五)、永光寺を明峰《めいほう》さまに譲られて、六二歳のご生涯を閉じられています。

両祖さまの教えは相承され、現在に生きつづけています。

六　檀信徒としての心得

Q.1 菩提寺《ぼだいじ》とは何ですか？

菩提寺とは、みなさんの亡くなった家族やご先祖さまの菩提を弔い続けてくれている寺院のことを指します。

日本の各地には多くの寺院が存在します。観光寺院と呼ばれる有名な大寺院や、ご祈禱などをしてくれる寺院、多くの僧侶が修行に励んでいる修行道場、各宗派のご本山の寺院など、それぞれ特徴のある寺院がみられます。しかし、そうした有名寺院ではない多くの寺院は、それぞれの地域に立地していて、地域の人々の葬儀や供養をつとめています。

「菩提」とは、サンスクリット語で「さとり」「目覚めること」を意味する「ボーディ」を漢字に音訳した言葉です。本来はさとりを意味する言葉が、亡くなった後に成仏するようにとの意味で使われたことから、菩提寺との呼び名が起こったともいわれています。古くは一族の供養や祈願を行うために造られた「氏寺《うじでら》」も同じものといえます。江戸時代には各藩主が領内に菩提寺を建立し保護したとも知られています。また、この時期、幕府の政策により寺請《てらうけ》制度が敷かれ、すべての人々がいずれかの「檀那寺《だんなでら》」に所属することになり、そこから檀家・菩提寺の関係が築かれていったといわれています。

何代も続く家の歴史に伴い、菩提寺との長い関係を続けられている場合もあるでしょうし、自身が寺院や住職との縁を得られた場合もあるでしょう。そうした縁を大切にして檀信徒として、故人やご先祖さまを供養する営みを守っていっていただきたいものです。

Q.2 檀信徒としての心がけとして何かありますか？

檀信徒として、菩提寺とのお付き合いは葬儀や法事の時など、一時的なことだけではありません。日々の生活のなかにおいても、曹洞宗の教えに沿ってよりよき毎日を過ごしていくことが望まれます。これは仏教の教えが、亡くなった方を安らかにするばかりでなく、今生《こんじょう》を生きる私たちが、よりよい毎日を過ごしていくための教えとして、お釈迦さまによって説かれたものであるからです。

この世は無常《むじょう》な世界であり、生老病死《しょうろうびょうし》をはじめとして思い通りにならないことに、私たちは悩み苦しむものです。お釈迦さまの教えは、そうしたこの世の真理を見つめ、今ある命を充実することを説いています。曹洞宗の教えに沿えば、坐禅の如く、一時《いっとき》、背筋を伸ばして坐し、呼吸を整え、心をおだやかにして、静かな時間を持つとよいでしょう。周囲の世界を観察し、自分自身を見つめ直す時を過ごすことで、本来の自分を取り戻せるでしょう。

一方で菩提寺においては、みなさまの家の亡くなった家族やご先祖さま方を、日頃より供養しております。朝夕のおつとめをはじめ、お彼岸やお盆の折など、日頃より供養が営まれています。そうしたことを理解して、菩提寺が安定的に維持されるよう護持《ごじ》につとめていくことが大切になってきます。

檀信徒による護持の思いの上に、菩提寺が成り立っていることを知るとともに、菩提寺の存在によって、ご先祖さまや私たちも安心《あんじん》を得られることを実感していきたいところです。

Q.3 新たに仏壇を置く場合、どのようにしたらよいですか？

お住まいに新たに仏壇を置こうとする場合には、菩提寺のご住職による仏壇の開眼供養《かいげんくよう》をつとめていただく必要があります。また、仏壇に具《そな》えるべき仏具《ぶつぐ》がすべて揃えられているか、購入時に確認することが必要でしょう。

新たに購入する前には、菩提寺のご住職に相談して、どのように進めるべきか確認を取るとよいでしょう。具体的な仏壇・仏具については専門の販売店などで検討することになると思いますが、仏壇を置く場所や方向などについては、ご住職のアドバイスを参考にすると間違いないでしょう。置く場所については絶対的な決まりはありませんが、一般的にご本尊さまやご先祖さまをお祀りするのにふさわしい部屋、特に家族の生活を見守ることができる位置がよいといわれます。大切にするあまり、誰も行かない部屋に置いてしまうことは避けたいものです。日頃より手をあわせやすい空間を作ることを心がけてください。また、お位牌だけを祀ることのないようにしましょう。ご本尊さま（曹洞宗の場合は、お釈迦さまと道元禅師さま・瑩山禅師さま）のお像、もしくは掛け軸を中央上段にお祀りし、その周囲にお位牌をお祀りするようにいたしましょう。

万端《ばんたん》仏具などが整いましたら、菩提寺の住職にお願いをして、できれば家族揃って開眼供養を営むとよいでしょう。

Q.4 仏壇を置く場所がありません。どうすればよいですか？

以前の住宅においては、仏壇を置く場所が設けられていたり、仏間があるような住居もありましたが、近年の住宅事情のなかでは、それも難しいのが現実かと思います。しかし、仏壇のある生活をすることは、亡くなった方がたのためだけでなく、遺された私たちや、その思いを伝えるべき子や孫にとっても、大切なことです。

従来のような大きな仏壇を置く場所は叶わなくても、小さくても心の依りどころとなる仏さまのおられる場所を設けていただきたいものです。もし小さな仏壇を置くスペースもない場合は、簡易型の三つ折本尊仏なども普及しておりますので、利用いただけるとよいでしょう。そして、今すぐに用意できないとしても、のちのちには仏壇や仏具を揃えていけるよう心がけていただきたいものです。

日頃より手をあわせる仏壇があることで、仏さまや故人へ日々の供養ができ、見守ってもらえることも感じられるでしょう。そうしたことにより、自身を律することができ、他者と共にある我が身を確認することもできます。仏壇の大きさではなく、そうした場所を生活空間のなかに持つことの大切さを知りましょう。

三つ折本尊仏
写真提供：曹洞宗宗務庁

Q.5 家に仏壇を置いたらどのような心構えが必要ですか？

仏壇は設置すれば、あとは何もしなくてもよいものではありません。そこにはご本尊さまであるお釈迦さまや道元禅師さま、瑩山禅師さまをはじめ、亡くなられた家族、ご先祖さまをお祀りしているわけですから、そのことを忘れずに、何をなすべきか考えることが肝心なこととなってきます。

仏壇の構造はさまざまな種類も見られますが、その多くは仏さまを祀る寺院の構造をそのまま縮小したものだともいわれます。お寺の本堂内の丸柱やご本尊さまがすわる須弥壇《しゅみだん》、欄間《らんま》の飾りなど、同じ構造を持っており、お花や供物なども同様にお供えすることから、「小さな寺院」と見なすことができます。

自宅に菩提寺同様に仏さまがいらっしゃるのですから、その仏壇に向かって毎日おつとめ、お世話をしていただきたいと思います。日頃から手をあわせるのはもちろんですが、そこが清浄《しょうじょう》にされているかどうか、気を配ってつとめていただきたいと思います。

仏壇は小さな本堂内陣

Q.6 仏壇の祀《まつ》り方はどのようなものですか？

仏壇の祀り方は大きさやお位牌の数などにより、異なると思いますが、ここでは基本的な祀り方を示します。

仏壇の中心的存在はご本尊さまです。仏壇の上段中央にお祀りします。曹洞宗の場合、一仏両祖《いちぶつりょうそ》（お釈迦さま・道元禅師さま・瑩山禅師さま）のお像、もしくは一仏両祖の掛け軸を掛けます。

ご本尊さまの左右にご先祖さまのお位牌をお祀りします。古いお位牌は向かって右に、新しいものは左にお祀りします。縁者のお位牌などがある場合には、親類のものは右に、縁者のものは左にお祀りします。お位牌が多くなり、仏壇が狭くなった場合は、「繰《く》り出《だ》し位牌」や「合同牌《ごうどうはい》」にしたり、「○○家先祖代々」にまとめることができますので、菩提寺にご相談ください。

仏壇中段には供え物を置き、下段には、向かって右よりロウソク立て、香炉、花立ての三具足《さんぐそく》を置きます。香炉の足が三本の場合には、手前正面に一本の足が来るようにします。

精霊簿《しょうれいぼ》（過去帳）は、見やすい位置に置くようにします。鈴《りん》（カネ）や経本、数珠などは、下段または引き出しの中に置きます。木魚がある場合は、木魚を向かって右に、鈴を左に置きます。鈴だけの場合は、右に置いてください。

仏壇の中が手狭になったときは、前机《まえづくえ》を置くとよいでしょう。

（一四三頁参照）

Q.7 毎日のお供えはどのようにしたらよいですか？

仏壇へのお供えは、基本的に香り（線香・お香）、お花、灯明《とうみょう》、水、飲食《おんじき》（お霊膳・果物・菓子など）の五つです。

香炉（線香立て）は通常、下段中央に置かれます。おつとめの時に線香を立てて、ご本尊さまやご先祖さまに手向《たむ》けます。香炉は灰や燃えかすなどが溜まりますから、定期的にきれいにいたしましょう。

お花も通常、下段に置かれます。一対の場合は両側に置きますが、一つの場合は左側に置くようにしましょう。仏壇の大きさにあわせて、季節の花々をお供えしていきたいものです。灯明はロウソクの他に、電球の入った吊り灯籠《とうろう》などが付けられています。

朝、仏壇を開けましたら、灯りを付け、お花のお水を替え、仏壇内を清掃するとよいでしょう。その上で飲食を用意し、お供えしましょう。お茶やお水をお供えする器（茶湯器《ちゃとうき》）は中段に置きます。中央にご飯（お仏餉《ぶっしょう》）を供え、両脇にお茶・お水を供えます。菓子や果物は高坏《たかつき》に盛りつけて、さらに外側に供えます。お仏餉はご飯に限らず、皆さんが召し上がる食事をお供えしてください。そして、お供えしたものは無駄にせず、皆で分けあっていただきましょう。また、いただきものをしたときや、初ものが手に入ったときなどは、必ず一度、仏壇にお供えするようにいたしましょう。夕方になりましたら、お茶やご飯などを下げて、仏壇の扉を閉じましょう。

仏壇の大きさや地域により、お供えの仕方も一定ではありませんので、菩提寺にて確認していただけるとよいでしょう。

（一四三頁参照）

Q.8 毎日のおつとめは、どのようにすればよいですか？

　ご本山や多くの寺院では一日に三度のおつとめが行われています。早朝に行う「朝課《ちょうか》」、昼食前に行う「日中《にっちゅう》」、夕方に行う「晩課《ばんか》」です。丁寧なおつとめができるのであれば、このように朝・昼・晩の三回、仏壇に向かうことが望ましいといえます。

　慌ただしい生活のなかで、たとえわずかな時間でも静かな心で仏壇の前に座り、お釈迦さまやご先祖さまに向かいあうことはとても大切なことです。朝、起きたら洗面を済ませ、仏壇の前に座る習慣を身に付けたいものです。そして、お茶、お水、仏飯をお供えして、おつとめするとよいでしょう。

　おつとめでは、ご本尊さまやご先祖さまに心を込めて合掌と礼拝をしていただきます。

合掌は、仏さまに対するもっとも基本的な作法です。左右の手のひらを合わせ、指と指の間が開かないようにします。指先が鼻の高さになるようにして、少しひじを張り気味にして、背筋を伸ばすとよいでしょう。

礼拝は背筋を伸ばしたまま、上体を前に倒すようにします。首だけを倒したり、背中を丸めすぎないようにしましょう。

おつとめは決して時間の掛かるものではありません。またこうしなければいけないという形もありませんので、無理なく続けられる形を選んでください。

以下に三つの形を紹介します。いずれの場合も最初に仏壇を開き、きれいになっていることを確認し、ロウソクに火を灯し、線香を立てましょう。

①鈴《りん》を三回鳴らします。
合掌して一度礼拝《らいはい》をし「南無釈迦牟尼仏《なむしゃかむにぶつ》」を三回お唱えします。または、「南無帰依仏《なむきえぶつ》、南無帰依法《ほう》、南無帰依僧《そう》」を三回お唱えします。

唱え終わったら、鈴を三回鳴らします。

そのまま合掌礼拝して終わります。

②鈴を二回鳴らします。

合掌して三度礼拝し『摩訶般若波羅蜜多心経《まかはんにゃはらみったしんぎょう》』（般若心経《はんにゃしんぎょう》）をお唱えします。

次に普回向《ふえこう》を唱えます。唱え終わったら、合掌し三度礼拝します。

お経は、他にも『妙法蓮華経観世音菩薩普門品偈《みょうほうれんげきょうかんぜおんぼさつふもんぼんげ》』や『修証義《しゅしょうぎ》』などでもよいでしょう。

③鈴を二回鳴らします。

合掌して三度礼拝し「開経偈《かいきょうげ》」「懺悔文《さんげもん》」「三帰礼文《さんきらいもん》」『般若心経』を唱え、「本尊回向文《ほんぞんえこうもん》」を読みます。

次に『妙法蓮華経観世音菩薩普門品偈』や『修証義』などを唱え、「先亡精霊回向文《せんもうしょうれいえこうもん》」を読み、「四弘誓願文《しぐせいがんもん》」を唱えます。

唱え終わったら、合掌し三度礼拝します。

《お唱えごと》

「開経偈《かいきょうげ》」　無上甚深微妙法《むーじょうじんじんみーみょうほう》　百千万劫難遭遇《ひゃくせんまんごうなんそうぐう》
我今見聞得受持《がーこんけんもんとくじゅーじー》　願解如来真実義《がんげーにょーらいしんじつぎー》

「懺悔文《さんげもん》」　我昔所造諸悪業《がしゃくしょぞうしょあくごう》　皆由無始貪瞋癡《かいゆうむしとんじんち》
従身口意之所生《じゅうしんくいししょしょう》　一切我今皆懺悔《いっさいがこんかいさんげ》

「三帰礼文《さんきらいもん》」　自帰依仏《じーきえぶつ》　当願衆生《とうがんしゅじょう》　体解大道《たいげだいどう》　発無上意《ほつむじょうい》
自帰依法《じーきえほう》　当願衆生《とうがんしゅじょう》　深入経蔵《じんにゅうきょうぞう》　智慧如海《ちえにょーかい》
自帰依僧《じーきえそう》　当願衆生《とうがんしゅじょう》　統理大衆《とうりだいしゅう》　一切無礙《いっさいむーげー》

「普回向《ふえこう》」　願《ねが》わくはこの功徳《くどく》をもって普《あまね》く一切《いっさい》におよぼし、我《われ》ら
と衆生《しゅじょう》と、皆《みな》ともに仏道《ぶつどう》を成《じょう》ぜんことを。
十方三世一切仏《じーほーさんしーいーしーふー》　諸尊菩薩摩訶薩《しーそんぶーさーもーこーさー》　摩訶般若波羅蜜《もーこーほーじゃーほーろーみー》

「本尊回向文《ほんぞんえこうもん》」　上来《じょうらい》、摩訶般若波羅蜜多心経《まかはんにゃはらみったしんぎょう》を諷誦《ふじゅ》する功徳《くどく》は、大《だい》

恩教主本師釈迦牟尼仏《おんきょうしゅほんししゃかむにぶつ》、高祖《こうそ》承陽大師《じょうようだいし》、太祖《たいそ》常済大師《じょうさいだいし》に供養《くよう》し奉《たてまつ》り、無上仏果菩提《むじょうぶっかぼだい》を荘厳《しょうごん》す。伏《ふ》して願《ねがわ》くは四恩《しおん》総《すべ》て報《ほう》じ、三有《さんぬ》斉《ひと》しく資《たす》け、法界《ほっかい》の有情《うじょう》と同《おな》じく種智《しゅち》を円《まどか》にせんことを。

十方三世一切仏《じーほーさんしーいーしーふー》　諸尊菩薩摩訶薩《しーそんぶーさーもーこーさー》　摩訶般若波羅蜜《もーこーほーじゃーほーろーみー》

「先亡精霊回向文《せんもうしょうれいえこうもん》」　仰《あお》ぎ冀《こいねが》わくは三宝《さんぼう》、俯《ふ》して照鑑《しょうかん》を垂《た》れたまえ。上来《じょうらい》〈○○経〉を諷誦《ふじゅ》す、集《あつ》むる所《ところ》の功徳《くどく》は、当家《とうけ》家《か》門《もん》先祖《せんぞ》代々《だいだい》精霊《しょうれい》、六親眷属七世《ろくしんけんぞくしちせ》の父母《ぶも》、三界《さんがい》の万霊等《ばんれいとう》に回向《えこう》し、報地《ほうち》を荘厳《しょうごん》せんことを。

十方三世一切仏《じーほーさんしーいーしーふー》　諸尊菩薩摩訶薩《しーそんぶーさーもーこーさー》　摩訶般若波羅蜜《もーこーほーじゃーほーろーみー》

「四弘誓願文《しぐせいがんもん》」　衆生無辺誓願度《しゅじょうむへんせいがんど》　煩悩無尽誓願断《ぼんのうむじんせいがんだん》

法門無量誓願学《ほうもんむりょうせいがんがく》　仏道無上誓願成《ぶつどうむじょうせいがんじょう》

盆　棚

①乾物　②ほおずき　③青竹　④草縄　⑤位牌《いはい》　⑥燭台《しょくだい》（ロウソク立て）　⑦茶湯器《ちゃとうき》　⑧お膳（位牌に向ける）　⑨華瓶《けびょう》（花立て）　⑩水の子（蓮の葉を器にし、生米とさいの目にしたナスとキュウリをまぜたものを入れる）　⑪夏野菜や果物　⑫ナスの牛　⑬キュウリの馬　⑭香炉《こうろ》　⑮線香差し　⑯鈴《りん》（カネ）　⑰真菰《まこも》や白布を敷く

※地域により祀り方が異なることがあります。詳しくは菩提寺のご住職にお尋ねください。

仏　壇

①本尊《ほんぞん》　②位牌《いはい》　③精霊簿《しょうれいぼ》（過去帳《かこちょう》）　④茶湯器《ちゃとうき》　⑤仏飯器《ぶっぱんき》（仏《ぶっ》餉《しょう》）　⑥高坏《たかつき》　⑦華瓶《けびょう》（花立て）　⑧香炉《こうろ》　⑨燭台《しょくだい》（ロウソク立て）　⑩経机《きょうづくえ》　⑪数珠《じゅず》　⑫経本《きょうほん》　⑬鈴《りん》（カネ）　⑭線香差し　⑮木魚《もくぎょ》

※地域や仏壇の大きさにより祀り方が異なることがあります。
詳しくは菩提寺のご住職にお尋ねください。

あとがき

本書は『仏事Q&A』となっていますが、仏事のみならず、檀信徒や一般の方がたが、寺院や曹洞宗と接する際に抱くと思われる疑問を集めたものとなっています。そのような点では、《曹洞宗のお寺と教えに関してのQ&A》とも言うべき内容となっています。

「一　お寺を訪ねて」では、曹洞宗の寺院やその特徴についてまとめてみました。「二　日本の歳時記とお寺の年中行事」では、寺院で行われるさまざまな行事を紹介し、そこに見えてくる曹洞宗の教えをお伝えしています。「三　葬儀をご縁として」では、葬儀に際して事前に理解しておいていただきたい事柄を中心にまとめました。葬儀に直面したときに対処できるように、日頃から心がけていただければ幸いです。「四　法事・お盆を迎えて」では、最も接する機会の多い、法事やお盆の供養などの際の注意書きをまとめています。「五　み教えをいただいて」では、曹洞宗の教えや日々の実践への理解を深めていただくことを目指しました。「六　檀信徒としての心得」では、曹洞宗の檀信徒として日々どのように過ごしていくべきかを示しております。

以上のようにさまざまな機会における質問を並べましたが、当然のことながら説明の不足しているところや、さらに派生してくる質問などが、編集していく中でも出てまいりました。それらを拾い上げていくと、見開き二ページでは納まりきらず、項目数も増えてしまうため、ここではまず概略を知っていただくことを考えて構成を絞っていることを、ご容赦いただきたく思います。

日本の精神文化や生活習慣に深く関わりをもちながら、営まれてきている仏教の行事と文化について、さらに関心を深めていただける一助となることを願います。

参考文献

『曹洞宗檀信徒必携』改訂第二版（曹洞宗宗務庁）
『仏教概論――わかりやすい仏教』（曹洞宗宗務庁）
『宗侶入門――得度したあなたへ――』（曹洞宗宗務庁）
『梅花指導必携』（曹洞宗宗務庁）
『道元禅師全集』（春秋社）
『原文対照現代語訳　道元禅師全集』（春秋社）
『正法眼蔵』（岩波文庫）
『典座教訓・赴粥飯法』（講談社学術文庫）
『道元読み解き事典』（柏書房）
『『正法眼蔵』『永平広録』用語辞典』（大法輪閣）
『わが家の仏教　曹洞宗』（四季社）
『実修　曹洞宗のお経』（学習研究社）
『わが家の仏教・仏事のしきたり　曹洞宗』（日東書院）
『うちのお寺は曹洞宗』（双葉社）
『曹洞宗のお経』（双葉社）
『わが家の宗教②　曹洞宗』（大法輪閣）
『わが家の宗教　CDブック　曹洞宗』（大法輪閣）
『道元と曹洞宗がわかる本』（大法輪閣）
『曹洞宗檀信徒読本』（三成書房）
『曹洞宗のしきたりと心得』（池田書店）
『曹洞宗の仏事』（世界文化社）
曹洞宗公式サイト「曹洞宗禅ネット」
（http://www.sotozen-net.or.jp）

執筆者一覧（五十音順）

大谷　哲夫（おおたに　てつお）〈監修〉

一九三九年東京生まれ。早稲田大学第一文学部卒業、同大学院文学研究科東洋哲学専攻修了。駒澤大学大学院人文科学研究科仏教学専攻博士課程満期退学。駒澤大学仏教学部教授、同大学学長・総長を歴任。現在、北京大学客員教授・都留文科大学理事長・曹洞宗総合研究センター所長。東京都長泰寺住職。『訓註永平広録』『祖山本永平広録考注集成』『永平の風・道元の生涯』など著書多数。

久保田永俊（くぼた　えいしゅん）

一九七五年東京都生まれ。駒澤大学仏教学部仏教学科卒業後、大本山永平寺にて修行。曹洞宗総合研究センター教化研修部門研修生、同部門研究生修了。現在、曹洞宗総合研究センター専任研究員。曹洞宗こころの問題研究プロジェクト委員。祈りの集い――自死者供養の会――担当。千葉県中瀧寺副住職。

小早川浩大（こばやかわ　こうだい）
一九六八年神奈川県生まれ。同志社大学経済学部卒業。駒澤大学大学院人文科学研究科仏教学専攻修士課程修了。同大学院人文科学研究科仏教学専攻博士後期課程満期退学。曹洞宗総合研究センター宗学研究部門研究員を経て、現在、曹洞宗総合研究センター専任研究員・講師。駒沢女子大学非常勤講師。神奈川県大長院住職。

平子　泰弘（ひらこ　たいこう）
一九七〇年群馬県生まれ。駒澤大学仏教学部卒業、同大学院人文科学研究科仏教学専攻修士課程修了。同大学院人文科学研究科仏教学専攻博士後期課程満期退学。曹洞宗総合研究センター宗学研究部門研究員を経て、現在、曹洞宗総合研究センター専任研究員・曹洞宗宗勢総合調査委員会委員。群馬県桂昌寺住職。

古山　健一（ふるやま　けんいつ）
一九七二年神奈川県生まれ。駒澤大学仏教学部卒業、同大学院人文科学研究科仏教学専攻修士課程修了。同大学院人文科学研究科仏教学専攻博士後期課程修了。博士（仏教学）。曹洞宗総合研究センター宗学研究部門研究員を経て、現在、曹洞宗総合研究センター専任研究員・講師。駒澤大学仏教学部非常勤講師。

曹洞宗公式サイト
「**曹洞宗禅ネット**」(http://www.sotozen-net.or.jp)
曹洞宗の教えや活動についての情報は本サイトにて参照いただけます。

仏事《ぶつじ》Q&A　曹洞宗《そうとうしゅう》

平成27年6月22日　初版第1刷発行
平成28年4月4日　初版第2刷発行

著　者　曹洞宗総合研究センター
発行者　佐藤今朝夫
発行所　株式会社 国書刊行会

〒174-0056　東京都板橋区志村1-13-15
TEL 03(5970)7421　FAX 03(5970)7427
E-mail: sales@kokusho.co.jp

イラスト　花色木綿
組版・装幀　上田　宙(烏有書林)
印　刷　株式会社 エーヴィスシステムズ
製　本　株式会社 村上製本所

落丁本・乱丁本はお取り替えいたします。

ISBN 978-4-336-05888-1